Mr.Children 道標の歌

小貫信昭

Mr.Children
Michishirube No Uta
Nobuaki Onuki

水鈴社

Mr.Children
道標の歌

目次

装丁：森本 千絵（goen°）

Introduction

バンドを「作る」とは言わない。バンドは「組む」ものだ。大切なのは組み合わせ。Mr.Childrenは、その理想の形である。彼ら4人は個性豊かであると同時に似たもの同士でもある。カチッと繋がり結束できるがパカッとはずれて個々にもなれる。長続きの秘訣はそこだ。そんな彼らも、もう少しでデビューから30年。4人は膨大な時間を共にし、音を響きあわせてきた。

Mr.Childrenのメンバーは4人で力を合わせ、作品という名の「化合物」を生み出すことができる。それはけして、個々の〝我〟が勝った「混合物」ではない。そもそも彼らは、楽器を持ったからといって豹変する人達ではない。実際に会ってみると、それぞれが、いかにも自分が担当する楽器の〝鳴り〟そのものの人格といえる。歌を生み出す桜井和寿に関しては、作品のなかの人物を〝演じる〟ことも多々あるのだろうが……。

アルバム『重力と呼吸』に収録されている「皮膚呼吸」という作品の後半に、「歪むことない僕の淡く　蒼い　願い」という表現が出てくる。これは桜井曰く、バンドのギタリスト、田原健一のことを歌っているという。確かに田原のギターは、歪ませて他の楽器を圧倒してしまおう、というものではない。むしろ、彼の想いを等身大の音圧にしたものだ。Mr.Children

の音楽が「化合物」を成すひとつの要因は、田原のギターにあると言えるだろう。

「大切なのは組み合わせ」と書いたが、まずはこの4人が、いかに結集したかを紹介しよう。それは中学時代にまで遡《さかのぼ》る。

中学校は、田原と中川敬輔と鈴木英哉が同じで、桜井だけが別だった。（高校は、桜井と田原と中川が同じで、鈴木は別だった。Mr.Children は高校の軽音学部が母体であり、鈴木の加入が高校卒業時となるのはそれも関係してのことだ）

桜井が音楽に熱中し始めるのは中学2年の時だ。親戚から教えてもらった甲斐バンドや浜田省吾のことを好きになり、彼らに〝なりきって歌う〟のが好きな少年であった。大声で歌って踊りたい時は、家の雨戸を閉め切った。

姉からギターを譲り受け、歌本を買って、巻末のギター・コード表などを参考に独学で習得した。当時の集中力には凄いものがあり、寝る間を惜しんで弾いていたという。井上陽水の「断絶」と「氷の世界」が入ったカセットを買ってきて、相当に聴き込んだりもした。自分で歌を作るのもいいかもしれない、という想いは、このあたりから芽ばえていく。

次第に音楽のない生活は考えられなくなり、将来はプロのミュージシャンになりたいと願うようになる。中学の修学旅行の帰りのバスのなかで、彼を調子づけるこんな出来事があった。マイクが回ってきたので甲斐バンドの「安奈」を歌った。すると友達が、「レコードかと思ったよ！」と言ったのだ。高校は絶対、軽音楽部が盛んなところに行こう。そう誓った。

田原は小学生の頃からリトル・リーグに所属し、野球に打ち込み、そのチームは全国大会で準優勝するほどレベルが高かった。そのまま中学でもシニア・リーグに進み野球を続けるが、この時代の多くの中学生がそうだったように、YMOの音楽などにも惹かれた。

中川も小学校の頃は野球をやっていて、野球エリートの田原の存在は知っていた。面識はなかったが、友人が田原と同じクラスだったので、友人を通じて田原を同じ塾に誘い、出会いを果たす。世はバンド・ブームだった。中川の友人の中に、兄の影響でエレキ・ギターを弾いている人間もいて、カッコいいなと思う。気づけば中川と田原の間でも、バンドをやってみるのもいいよね、という会話が生まれていく。

鈴木は田原や中川と同じ中学だが、共通の友人もおらず、交流はなかった。彼はこの頃から、本名より、ニックネームのJEN（ジェン）と呼ばれることが多くなっていく。愛称の由来は、当時スズキが出していたスクーター、「ジェンマ」からだった。鈴木のまわりには音楽が溢れていた。彼の家には、音楽好きの友人が集まった。ただ、みんなの趣味はバラバラだった。ジャズのセロニアス・モンクのあと、BOØWYのレコードが掛かり、アイドルの浅香唯が流れたかと思うと、メタリカが爆音で響く。

家のほど近くに多摩川が流れていたので、中学3年生の時に買ったドラムを河川敷まで運び練習した。完全な余談だが、彼はこの付近で二度ほどカッパを目撃したという。

中学3年の文化祭では、バンド・デビューを果たしている。

やがて高校進学が目前になると、田原と中川は、バンドをやりたいという想いをより確実なものにすべく、楽器を購入する。渋谷の公園通りにあった「イシバシ楽器」で、中川はフェンダージャパンの「プレシジョン」を5万円で購入。田原は、新宿の伊勢丹の先の「イシバシ楽器」で2万8千円の「スクワイアー」を買った。

なぜ田原がギターで、中川はベースだったのか？　最初に田原が中川に、「ギターが弾きたい」と告げたからだ。それなら中川は、「ベースにしよう」と思う。あくまで彼らの願いはバンドを組むことであり、それを妨げる個人のエゴよりその目標が優先されたのだ。

いよいよ高校生となり、桜井はギター・ケースを提げて通学していた。ある日、授業を終えて部室へ行こうとすると、坊主頭の野球部の人間が桜井のギターをみてこう言った。「これ、テレキャスター？」。意外だった。野球部の人間がエレキ・ギターに興味を示すとは思わなかったからだ。田原は言った。「僕はストラトキャスター持っているんだけど……」

桜井は嬉しかった。クラスに話があう人間が出来そうだったからだ。甲斐バンドの話で盛り上がったこともある。邦楽ばかり聴いていた桜井を、洋楽に目覚めさせたのは田原だ。エコーズとともに、U2のレコードを貸してあげたのだ。

この時点で桜井と中川はすでに軽音楽部で出会っているのだが、桜井に対し、中川と一緒にバンドを組むことを提案しているのが田原だ。「なんとなくこの2人なら、馬が合いそうな予感がした」からである。やがて田原が、野球部をやめそうだという噂を聞く。ならばと桜井は、「それならバットをギターに持ち替えてもいいのでは……」みたいなことを話しかけてみた。坊主頭だった田原の髪は、やがて長髪になっていく。

3人がそろった頃、組んでいたバンドは5人編成だった。他に女子のキーボード、さらにドラムという編成だ。軽音の部室は先輩たちが使っていたので、下級生は街の練習スタジオを借りる必要があった。お金も掛かった。そのうち、それでもバンドを続けたいという人間だけが残り、それが桜井と田原と中川だったのである。

鈴木はどうだったのか。彼は順調に音楽活動を続けていた。ある程度の演奏力があるドラマーは、アマチュアの世界では引く手あまたなことが多い。鈴木も多くのバンドを掛け持ちしていた。一番多いときは、6つか7つのバンドで演奏していたほどだ。

話を3人に戻す。彼らのバンド活動は、どのように進展したのだろうか。そのカギとなるのは、まったくのスタート時点では甲斐バンドのコピーなど2、3曲はやったものの、その後は「オリジナルを優先した」ことである。当時の曲作りに関して、桜井は苦労したり挫折したりという記憶がないという。なんとなく浮かんできたメロディに、あとから言葉をあてはめていく。もちろん曲作りはそんな簡単なことではないだろうが、この大原則のもと、その時代、その時代のレベルにおいて、彼らは作品を残していく。

オリジナルの優先には、切実な事情もあった。みんな、楽器をスクールで勉強したわけではなく、独学の我流である。演奏テクニックがあったわけじゃない。憧れのバンドのこの曲を演奏したい……。でも難しい。そして挫折……。これはアマチュアにはよくある話。でも、オリジナルならその心配はない。その都度、自分たちの力量の範囲内で、組み立てていけば良かった。そもそもコピーというのは、やり過ぎると染みついて、独自の色を出そうにも、そこから抜け出せなくなる危険を孕《はら》む。彼らには、その心配はなかった。

当時の3人は、ライブをやるたびに、様々なグループ名を考えた。それも楽しみの一つだった。高校3年になり、実力も増し、大きなコンテストやオーディションでも最終選考に残るようになっていた頃、彼らは「ザ・ウォールズ」と名乗っていた。もしここでグランプリを獲得したら、プロ・デビューできるソニーのオーディションも決勝に残った。ただ、その直前に、ドラムが抜けてしまう。窮地にたたされた3人は、大会までに是が非でもドラマーを探さなければならなかった。吉祥寺駅のかつての中央口を出ると、すぐ横に全階楽器店のビルがあった。この付近なら見つかるはずだと、それらしき人に声を掛けたりした。また、練習スタジオに個人練習に来ていた人を誘ったこともある。

仕方なく3人だけで活動した時期もあった。桜井がドラムを叩くこともあった。しかし、ひょんなことから適任者が見つかる。それは1988年に吉祥寺の「シルバーエレファント」というライブハウスを仲間うちで貸し切り、出演した時のことだ。たまたま一緒になったバンドで叩く、ある男に目が留まったのだ。見覚えのあるヤツだった。「確か中学の頃に一緒だった鈴木じゃないか?」。田原と中川は、その男を注視する。

鈴木は当時、別のバンドで活躍していたが、3人に誘われることとなる。桜井は、ともかく決勝大会が迫っていたので、「ドラムなら誰でもよかった」のだという。一方の鈴木は、「土下座して頼まれたので、仕方なく了承した」そうだ。どちらが本当のことかは分からない。だが、桜井にとって、やはり鈴木のドラム・テクニックは、超・高校級に映ったのだ。そして鈴木は、桜井の書く作品の、アマチュアのレベルを遥かに超えたクオリティに驚愕《きょうがく》したのである。

「前史」はここまでだ。いよいよMr.Childrenが産声をあげる。本書では、Mr.Childrenを追いかけた25年間の膨大なアーカイブと、この本の執筆のために取材をしたメンバーや関係者の新たな証言をもとに、彼らの代表曲や重要曲を中心に取り上げ、その魅力を紐解きながら、これまで門外不出だったエピソードも交え、彼らのヒストリーを綴っていく。いわばMr.Childrenの現時点での、〝読む〟ベスト・アルバムなのである。みなさんの頭の中に、彼らが生んだ名曲達が、より解像度の高い音色で反復されたらと願ってやまない。

1988〜1992
君がいた夏

君がいた夏

夕暮れの海に　ほほを染めた君が
誰よりも　何よりも　一番好きだった
二人していつも　あの海を見てたね
日に焼けた　お互いの肩にもたれたまま
一日中　笑ってた

キリンぐらい首を　長くしてずっと
待っていたのが　まるで夢のように
また夏が終わる　もうさよならだね
時は二人を　引き離して行く
おもちゃの時計の針を戻しても
何も変わらない　Oh I will miss you

君と出会ってから　何も手につかずに
意味のないラクガキを　繰り返しているよ

誰よりも早く　君を見つけたくて
自転車で駆け抜けた　真夏の朝早く
波打ち際たどって

秋が来れば僕ら　また元の場所へ
戻ってくけど　気持ちはこのまま

また夏が終わる　もうさよならだね
時は二人を　引き離して行く
言葉にできずに　そっと離れても
いつか　この胸に　Oh I will miss you

ひまわりの坂道　駆け降りてく君が
振り向いた　あの空の　眩しさが今でも

また夏が終わる　もうさよならだね
時は二人を　引き離して行く
おもちゃの時計の針を戻しても
何も変わらない　Oh I will miss you

環状八号線を北に向かい、世田谷通りを右折した右側に、「ロイヤルホスト」がある。店の窓際の、ひとつ中に入ったテーブルを、その日、4人のメンバーが囲んでいた。1988年も押し詰まった12月のことだった。この年、ソニーのオーディションで決勝まで進んだが、入賞を果たせなかった彼らは、気分一新、バンド名を改めることにする。

オーディション直前に加入した鈴木を、正式メンバーに迎えたことも、改名する理由のひとつだ。それまでの彼らは「ザ・ウォールズ」と名乗っていた。この名前は田原が考案したものだ。当時、桜井は世の中のニュースに反応して「ベルリンの壁」といった作品を書いている。そんなところからのインスパイアもあったろうが、この硬質な名前は、当時の彼らの音楽性を、象徴するものだったのだ。

もし新たなバンド名にするならば、「年が明けた1月1日からにしよう」。のちのちメディアに取り上げられた際、必ずや、結成や活動開始の時期が紹介される。そんな時、「1989年1月1日に活動開始」であるならば、キリもいいしカッコいい。

合議の結果、彼らはMr.Childrenとなる。〝チルドレン〟に関しては、メンバーが好むものに、この名前のつくアイテムが多かったからだ。1986年にデビューしたイギリスのバンド〝ザ・ミッション〟のセカンド・アルバムが彼らは好きだったのだが、そのタイトルが『Children』だった。さらに彼らは、『世界の子供たち』(原題『The Family of Children』)という写真集に感動した経験があり、そのことをずっと覚えていた。そして、そもそも彼らに最も影響を与えたバンドの一つである、アイルランド出身のU2のアルバム・ジャケットには、あどけない少年の姿が写ったものが多かったのだ。ファースト・アルバムはその名も『Boy』で、可愛い男の子の顔があり、サード・アルバム『WAR』も、正面を向く男の子がアップになったデザインだった。彼らは〝Children〟という言葉に、運命的なものを感じていた。

さらにそこに〝ミスター〟を加えたのは、こんな意図からだ。

「〝ミスター〟と〝チルドレン〟では、まったく正反対の意味に思えるけど、〝形にこだわらない〟とか〝カテゴライズされない〟とか、さらに自分たちの音楽が、大人から子供まで、幅広い人達の心に残るものになって欲しくて、この言葉を組み合わせた」(桜井)

確かにこのバンド名は、ひとつの感情で割り切れない独特な響きを持つ。ただ、当時の音楽シーンのなかでは、特にこれからロックをやっていこうとする人間にとっては、〝風変わり〟とも言えるものだった。

そもそもバンドを組んでロックをやること自体、親離れを意識した、ティーンエイジャーならではの衝動の延長であり、そこに〝チルドレン〟なる言葉をもって来ることは、稀な発想といえたのだ。しかし前述した通り、彼らはこの言葉から、大袈裟にいえば、なにか啓示のようなものを感じたのである。

一方で、消去法から編み出されたものでもあった。それまでの自分たちを含め、「当時は〝ザ・○○○○〟がやたら多かった。だったら次は、〝ザ〟がつかないものがいいね、とは話した」（中川）。

さらにいえば、Mr.Childrenという響きからは、特定の音楽性が想像しづらいところがある。しかしそれが、のちのちの可能性を呼び込んだとも言えるのだ。

4人が地歩を固めたのは、渋谷の道玄坂の上にある「渋谷La.mama」というライブハウスでのことだ。1982年のオープン以来、現在も営業を続ける老舗である。オーディションで入賞を果たせなかった直後、彼らは自分たちの演奏を収めたテープを店にもっていって交渉し、出演のチャンスを得る。それ以前も、ライブハウスでの演奏は経験していた。一番最初は1988年4月。吉祥寺の「シルバーエレファント」という店だ。鈴木と運命的な出会いをし、鈴木がバンドに加入するきっかけを作ったライブハウスである。その他にも、西荻窪の「ワッツ」という店にも出たことがあった。

吉祥寺や西荻窪のライブハウスへの出演は、あくまでアマチュアバンドがアマチュアのまま経験するステージだった。日頃の練習の成果をみせる場所だ。だが「渋谷La.mama」

は違っていた。そこにはプロを目指すバンドがしのぎを削る競争が存在した。

店のシステムとして、実績のないバンドはまずは昼間の「オーディション・ライブ」に出演し、腕を磨く。他の出演者と一緒の〝対バン〟の形が取られ、おのずと互いが切磋琢磨する。そこで彼らは支持を得て、やがてライブハウスのゴールデン・タイムといえる夜の時間帯へと進出する。この時代のライブハウスには、人気番組『イカ天』出身で、全国的知名度を誇るバンドも多く出演していた。日によって4人は、そんな人たちとも共演することとなり、様々なことを吸収する。

気づけばファンと呼べる人達が、まずは30人ほど確認できることとなり、さらに増加していく。もちろん最初から音楽でメシが食えたわけではなく、それぞれバイトをこなしながらの活動だ。ただ、4人には有利な点があった。東京に実家があったため、当面の生活に関しては、心配なかったのである。

1989年の8月に、初めての自主制作テープ『Hello, I Love You』を作る。これが彼らの〝デビュー作〟の音源となる。当時、バンドが練習に使っていた狛江《こまえ》のスタジオ「ガレージ」で、この音源の制作もした。ライブを観にきてくれた人達に3百円ほどで販売したのだ。実は鈴木はこのスタジオでバイトをしていた。なので営業時間外にバンドの練習で使わせてもらうなど、なにかと融通してもらっていたのだ。その音源も、このスタジオで録られたものである。しかし、それをメンバーが自宅のカセット・デッキでダビングしたので、音質はまちまちだった。なんとも微笑ましいエピソードだが、今思えばカセットテープというのは、手軽に複製可能な優れた音楽ソフトだったのだ。

カセットの売り上げは、地方にライブに出掛ける時のガソリン代など、活動資金に回す。その際の金庫番は、もっぱら田原が引き受けている。桜井は自販機で飲み物を買うことも無駄遣いだと思い、水筒を持参したりした。しかし鈴木は、その桜井から千円を借金し、缶コーヒーを買うという自由人ぶりであった。

Mr.Children のステージは、ライブを重ねるたびに新曲を用意するのが常だった。そんな当時の代表曲に、「トムソーヤの詩《うた》」がある。ライブのラストに演奏されることが多く、観に来た人達のアンケートでも、人気の高い曲となっていた。苦しみを抱えながら今日を生きる人達に、明日はきっと今日より楽になるハズと、力強く歌いかけていく内容だ。演奏スタイルは、バンド・ブームの頃に主流だった〝縦ノリ・ビート〟が特徴的だ。今の一般的なJ－POPと較べたら、刹那が勝った緊張感のある雰囲気だ。さらに、情感よりスピード感を優先した演奏に聴こえるだろう。なぜ刹那が勝るかといえば、当時のロックは、多かれ少なかれパンクに影響されたものだったからだ。パンクの精神は、細く長く穏やかに、ではなく、太く短く燃え尽きることを美学とした。

「トムソーヤの詩」にもそんなところがある。ただ、ここからが Mr.Children の持ち味だろうが、そんな中にも耳に馴染むメロディを忘れていなかった。さらに、彼らが敬愛したバンド、U2のようなエッセンスがギターのサウンドからは滲《にじ》んでいた。〝トムソーヤ〟は、ステージに立つMr.Childrenそのものでもあった。マーク・トウェインが生んだあの主人公のように、笑顔と元気を絶やさずに、みんなのために歌いたい――。曲を作った桜井が、音楽の力を真っ直ぐに信じていたからこそ生まれた作品でもあった。

桜井は、どのように歌を書いていたのだろう。特に歌詞に関しては、どのような意識だったのか？ 彼が影響されたテレビ番組があった。高校生の時に見た、NHK趣味講座『ベストサウンド』だ。初代司会者は難波弘之で、桜井が見たとき、司会は井上鑑《あきら》に代わっていた。この番組はNHKの教育テレビとしては珍しく、ロックをやることを推奨していた。ギターを弾く心得、ドラムを叩く心得、などなど、毎回ゲストが登場し、バンドを組む人々へノウハウを伝える〝趣味講座〟が展開された。

そのなかに、エコーズの辻仁成が作詞に関してレクチャーした週があった。辻の話は曲作りの実体験にもとづく説得力あるものだった。それを受けとめた桜井は、こう解釈した。

「もし心の中にモヤモヤがあり、それを言葉に例えるとするならば、匂いを伴ったものにするとか、まずは体感から書いていけば、より伝わりやすいものになる」

実際に彼は、日々、ノートを持ち歩くようになる。歌詞に活かせそうな実感は、その場で言葉にかえて、書き記す日々が始まった。

1990年は、さらなる躍進の年となる。年末にかけて、ライブハウスはより多くの動員と、熱い声援に包まれていく。12月には初のワンマン・ライブも実現し、観にきた人達に、クリスマスソングのスペシャル・テープをプレゼントした。このあたり、余裕すら感じる。「プロにならないか」という話も、一つや二つではなく、様々に舞い込むようになっていた。

しかし4人は慎重だった。世の中では〝イカ天〟〝ホコ天〟が社会現象になり、バンドはブームだったが、「ムーブメントから出てきたものは、ムーブメントが去った時、ともに消え去るのではという直感があった」（桜井）。

「あの頃は慎重に、そして臆病に、世の中の動向を窺《うかが》っていた」（田原）

転機となったのは、1991年1月からの3カ月間、バンドを見つめ直すため、活動を休止したことである。キッカケはなんだったのか？　これまで述べてきたように、彼らのライブハウスでの活動は、順調といえるものだった。桜井は、ライブがあるたびに新曲を作り続けた。創作意欲も澱《よど》みなかった。

むしろ問題は、桜井が書いた曲を、「どうバンドとして形にするか？」だ。

「気づけば僕らは、〝とりあえず、こうやっておけばいいや〟みたいになっていた。ある日、〝なんか違うぜ〟と思うようになる。明らかに、マンネリを感じていた」（中川）

いったん音楽活動を離れ、それぞれ自分のバイトに精を出すことになる。桜井は割りのいい仕事にありつく。官公庁などに定時に弁当を配達する仕事だ。中川は飲食店でバイトをして、田原はレンタル・ビデオ屋の店員、鈴木は練習スタジオでのバイトである。空き時間も利用しつつ、彼らは自分たちを見つめなおし、新たな発想で、よりポップな音楽性を花開かせようと格闘し始めたのだ。

井の中の蛙ではダメだ。桜井には、それが分かっていた。例えばジャズの世界はどんなものなのだろう？　新たにコード・ブックを買ってきて、自分が知らない響きを試してみたりした。そして彼らは、再び「渋谷La.mama」に戻ってくる。

Mr.Childrenの原動力が、まずは何より桜井の曲作りであることは言うまでもないだろう。この頃から、彼らはまさに「楽曲主義」だ。自分たちの殻を破りたいなら、曲作りにおいて新たな地平を目指すしかない。実際は、非常に難しいことだ。殻を破るまでには至らず、これまでの改良型に甘んじる場合が多いのだろう。しかし桜井は、そこにある楕円を真四角に変えるくらいの大胆な勇気を持ち、まったく未体験の景色を、バンドのなかに持ち込もうとした。

この年の3月。復活ライブに臨んだ彼らのセットリストには、のちのファースト・アルバムに収録される「友達のままで」や、「力」、さらに「ドドンパ」なる新たなオリジナルが加わる。

「ここでアピールしなきゃ、という時、桜井は極端に出る傾向があった。この曲も、そのひとつ」(田原)

〝ドドンパ〟とは、60年代に流行した、日本の民謡と黒人のR&Bを混ぜたような和製リズムの歌謡曲の総称である。他の3人は驚愕した。そこにはマンネリの打破どころか、〝いったいこれを、俺たちがどう料理すりゃいいんだ!?〟というくらいの、まったくの新天地が転がっていたからである。

遂にその日がやってきた。Mr.Childrenはメジャー・レーベルとの契約を果たす。4人が選んだのは「トイズファクトリー」という会社で、代表の稲葉貢一は、先見性と行動力がある、制作マインド旺盛な人物であった。

稲葉が彼らに想いを伝えた場所は、新宿の「DUG」というジャズ喫茶だ。様々な事務所やレコード会社から声がかかるなか、このレーベルに決めた理由はなんだったのだろう。

彼らにアプローチしてきた多くの関係者は、活動休止前のMr.Childrenこそ、〝世に出しやすい〟ものとして評価していた。しかし、よりポップに変身した彼らはそれを歓迎しなかった。さらにこの時、ファンも目減りしつつあり、彼らはそんな現実にも直面していた。

稲葉は新しい彼らにこそ可能性を感じ、手を携えてやっていこうと提案したのだ。タイミングもあった。桜井自身、「次に真摯に誘ってくれる人がいるなら、もう流石《さすが》にそこで決めようよ」。そうメンバーに話していた。この意見に他の3人は頷いた。事務所が決まるまで、Mr.Children はレコード会社の預かりとなり、給料もそこから支給される。彼らの初任給は、源泉徴収込みで、ひとり7万7777円であった。

デビューに際して桜井は、稲葉に「キーボード奏者で、自分たちを第三者的にプロデュースしてくれる人物」の必要性を訴えた。稲葉の頭に浮かんだのが小林武史である。こうして小林をプロデューサーに迎えることとなり、デビューのプロジェクトが本格的に始動する。

4人と小林の初会合は、渋谷の青山学院大学近くの「K's BAR」という店で行われた。初対面の小林の印象を、のちに桜井はこう語っている。

「なんか怒っているような感じだった。機嫌が悪そうだったし、目つきも鋭かった」

一方の小林は、こう回想する。「彼らは全くしゃべらないので、ほとほと困った」そうだ。特に田原は、終始、目も合わさなかったという。しかし、そもそもメンバーには人見知りの傾向があり、そこに小林という既に業界では高名だった人物が現れたのだから、さらにそれが助長された結果でもあった。田原が〝目も合わさなかった〟という話は、のちのちまで語り種《ぐさ》となるが、ここでは正確に記述する。

彼らが面会した店には、入ってすぐの場所に大きな楕円のテーブルがあり、みんなが座ったのはそこである。田原は小林から一番遠い席だった。店内にはそれなりの大きさで音楽が流れており、小林の声は、田原のところまで届かなかったのである。田原は目を合わせなかったのではなく、いつ合わせればいいのか分からなかったのだ。


ファースト・アルバムのレコーディングが始まると、それはメンバーにとって憂鬱な日々となる。彼らはバンドを始めた時から自分たちの技量の範囲で工夫し、オリジナル曲を追求してきた。なので外部からの欲求に応えるのは、この時が初めてだ。まずは小林の自宅で、デモ・テープ作りが始まっていくが、それは4人にとって、緊張の日々となった。

プロの世界が生易しいものでないことは分かっているつもりだった。同世代で、先にデビューしたミュージシャンからも聞いてきた。時には理不尽なほどの現実もあることを。

例えばレコーディングだ。ディレクターの要求に応えられず、もたもたしていると、上手なスタジオ・ミュージシャンが現れて、代わりに演奏されてしまう、などということも、現実に起こりうることだ。しかし小林は、「まだ演奏もちゃんと出来ない僕達に、粘り強く付き合ってくれた」（桜井）。

小林はどう向き合ったのか。まず考えたのは、4人をプレッシャーから解放してあげることだった。ライブハウスで実績を積んだとはいえ、プロのレコーディングは別世界の環境だ。
「彼ら自身が、必要以上にハードルを高くしてしまっているかもしれない。平常心を忘れ、雑念に悩まされ、ノビノビやる楽しさを忘れていたかもしれなかった」(小林)
なので彼は、技術うんぬんよりも、メンバーの心を解きほぐすことを第一に考えたのだ。彼の自宅での最初の作業も、いきなり本題に入るのではなく、まずは鍋などつつき、メンバーと会話することを重んじた。
「桜井なら桜井、田原なら田原、中川なら中川、鈴木なら鈴木の人柄も含め、大切なのはそれぞれの良さが音に表れ、そのバランスのなかで〝バンドとしての良さ〟を伝えることだと思った。そのためにも、まずは彼らを〝知る〟ことだ。最初はそのための時間が必要だった」(小林)
完成したデビュー作は、バンドの無限の可能性を表す『EVERYTHING』というタイトルで、1992年の5月10日にリリースされている。7曲入りという、ミニ・アルバムとフル・アルバムの中間のボリュームだが、これは新人バンドにとって無理のない曲数といえた。
ただ、同じ年にセカンド・アルバム『Kind of Love』もリリースされているので、両者のバランスも取られたと思われる。通常、バンドのデビュー作はアマチュア時代の集大成となるが、アマチュア時代のものをリアレンジしただけではなく、アルバムのための曲作りも行われた。

桜井の曲作りは、何段階かを経て変化していった。アマチュア時代は、実際の出来事から広げて歌を作っていくことが多かったが、プロになるに従って、まず〝物語〟というものを意識し、シチュエーションは？　登場人物は？　と、そんな発想にもなっていく。小林からのアドバイスも大きかった。小林は、桜井の歌の登場人物に、人間が本来持っている感情の複雑さ、奥深さを要望した。

「時にそれは、これまでのMr.Childrenの良さを否定されることでもあった、なので僕はへコんだし、ではいったい、どうやって書けばいいのか、相当悩むことになったのがファースト・アルバムの頃だった」（桜井）

新人バンドの第一印象を左右するビジュアル面をプロデュースしたのは、アート・ディレクターで「コンテムポラリー・プロダクション」の信藤三雄である。彼はアルバム・ジャケットの分野でも、既にユーミン（松任谷由実）の諸作などで、高い評価を得ていた。信藤を指名したのは稲葉だ。

「Mr.Childrenの中にあって、まだ表に現れていない本質を、あの人なら翻訳し、引き出

してくれるだろうと考えた」(稲葉)

印象的なファースト・アルバムのデザインは、稲葉がメンバーを連れ、当時、中目黒の山手通りと駒沢通りの交差点付近にあった、信藤の事務所で話し合ったアイデアが元になっている。ジャケットの写真でメンバーが座っているソファは、信藤の事務所にあった私物を使っている。写真の中のフキダシは、あとから合成したのではなく、ダンボールを切り抜き、メンバーとともに実写している。こうしたフォトセッション自体、彼らは初体験だった。「バスタブのなかで写真を撮ろう」と提案されたら、素直に従った。従うことを楽しんでいた。

アマチュア時代は、すべて自分たちで決断しなければいけなかった。Mr.Children のシンボル・デザインとしてアマチュアの頃に使っていた顔のマークも、桜井が自分で書いたイラストだった。ここからは、すべてを自分たちでやることから解放され、周囲の様々なクリエーター達とともに、バンドの実像を作り上げていくことになる。

デモ作りは小林の自宅で進んでいったが、本番のレコーディングは、街のレコーディング・スタジオが使用されている。稲葉には、使い慣れたホームグラウンドのような場所があった。それまでに手がけたラフィン・ノーズやジュン・スカイ・ウォーカーズなどでも使用した。スタジオの名前は「パワーハウス」。京王井の頭線の永福町駅南口から、線路沿いに西永福駅方向へ歩き、途中、左折して右折すると見えてくる。辺りは典型的な住宅街で、スタジオはその景色のなかに溶け込み目立ちはしない。彼らのデビュー曲「君がいた夏」も、ここでレコーディングされた。地階はリズム録りなどに使われ、1階は、出前をとって食事したりする和《なご》みのスペース。そして2階では、ボーカル録りや、ミックスダウンを行うことが出来た。

当時から制作に立ち会った人物に、のちにMr.Childrenの数々の作品を担当する、エンジニアの今井邦彦もいた。彼が回想するに、デビュー時のレコーディングは、まさにメンバーに向けての「〝千本ノック〟のようでもあった」。彼らとしたら、目指す演奏のクオリティを得るためにも、練習あるのみだった。4人はスタジオを出たあとも、自宅に宿題を持ち帰り、次のレコーディングに備えた。

彼らの良さは、向上心があり、かつ素直なことだ。今井はスタジオのなかで、4人から沢山の質問を受けた。これからプロになっていくミュージシャンゆえの基本的な質問も多かったが、それをいっさい「鬱陶しくは感じなかった」（今井）。むしろ心地よく、頼もしく思ったという。

「君がいた夏」は、『EVERYTHING』からシングルカットされ、8月21日にリリースされている。この歌に描かれている浜辺は、桜井が子供の頃から親しんだ山形・湯野浜の景色である。温泉でも知られる場所で、夏の行楽シーズンは、まさに芋を洗うような人出となる。しかし東北の夏は、足早に過ぎ去る。湯野浜の海水浴シーズンは、お盆の頃には終わっていくのだ。海は冷たくなり、浜辺の人影もまばらで、海の家も店じまい。

もしこれが神奈川・湘南の海なら、夏休みの間くらいは家族連れの賑わいが続く。でも湯野浜は違う。桜井は夏休みを利用し、山形に滞在していたので、お盆を過ぎてもこの場所にいた。

「少し前まであれだけ賑わっていたのに、気づけばみんないなくなっている。あのとき感じた寂しさ、浜辺の景色は、その後もずっと、胸に残っていた。そして時々、ふと記憶の扉が開いて、思い出されるものにもなっていた」（桜井）

この話に触れたあと、改めて「君がいた夏」を聴いてみる。すると印象的なスライド・ギターが、足早に過ぎ行く夏を、追いかけていくようにも響く。せっかく［キリンぐらい首を　長くして］待ちわびた夏だったのに、実際には短いものであり、だから余計、歌詞のこの表現が、切ないものに感じられる。

デビュー曲は、大阪のラジオ局「ＦＭ８０２」でヘビーローテーションに認定され、注目を集める。いきなり大ヒットというわけではなかったが、Mr.Childrenという逸材が世に放たれたという事実を知らしめるには充分の成果を得た。

ある日、鈴木は部屋の中で何気なくラジオをつけた。するとスピーカーから、自分たちの曲が流れてくるではないか。彼は齧《かじ》っていた焼きトウモロコシを、驚きのあまり膝に落とす。

「熱かったけど、嬉しかった」（鈴木）

それは自分たちがアマチュアの頃から演奏していた曲ではあったが、ピアノやストリングスも加わり、ここまで完成度の高いものになるとは想像していなかった。

外に出て行くには、普段着のままじゃだめだ。時には無理のない程度に〝盛装すること〟も大事だ。プロとしてのクオリティは不可欠だ。それは稲葉や小林や今井が、歩き始めた彼らに教えてくれたことだった。

1993~1994

innocent world

innocent world

黄昏の街を背に　抱き合えたあの頃が　胸をかすめる
軽はずみな言葉が　時に人を傷つけた　そして君は居ないよ

窓に反射する《うつる》　哀れな自分《おとこ》が　愛《いとお》しくもある　この頃では
Ah　僕は僕のままで　ゆずれぬ夢を抱えて
どこまでも歩き続けて行くよ　いいだろう？
mr. myself

いつの日も　この胸に流れてる　メロディー
軽やかに　緩やかに　心を伝うよ
陽のあたる坂道を昇る　その前に
また何処かで　会えるといいな　イノセントワールド

近頃じゃ夕食の　話題でさえ仕事に　汚染《よご》されていて
様々な角度から　物事を見ていたら　自分を見失ってた
入り組んでいる　関係の中で　いつも帳尻　合わせるけど

Ah　君は君のままに　静かな暮らしの中で
時には風に身を任せるのも　いいじゃない
oh miss yourself

物憂げな　6月の雨に　打たれて
愛に満ちた　季節を想って　歌うよ
知らぬ間に忘れてた　笑顔など見せて
虹の彼方へ放つのさ　揺れる想いを

変わり続ける　街の片隅で　夢の破片《かけら》が　生まれてくる
Oh　今にも
そして僕はこのままで　微かな光を胸に
明日も進んで行くつもりだよ　いいだろう?
mr. myself

いつの日も　この胸に流れてる　メロディー
切なくて　優しくて　心が痛いよ
陽のあたる坂道を昇る　その前に
また何処かで　会えるといいな
その時は笑って　虹の彼方へ放つのさ　イノセントワールド
果てしなく続く　イノセントワールド

「君がいた夏」に続き、彼らは「抱きしめたい」、「Replay」と、順調にシングルをリリースする。この時期の桜井は、「ヒットを目指す」という、実に明快な野心を持っていた。

「その有効な手段が、タイアップだった。自分たちの音楽性を拡げるためにも、大切なことだった」（桜井）

ジュン・スカイ・ウォーカーズの寺岡呼人《よひと》と共作し、アルバム『Kind of Love』に収録された「星になれたら」は、本格的なタイアップへの準備運動でもあった。というのも、この曲は、「もしJR東海のCM曲を依頼されたら？」という、そんな仮定のもとに作られているのだ。その頃のJR東海のCMからは、数多くのヒットが生まれていた。実際の依頼はない。しかし、そんな想いから曲を作ることで、新たな作風へと手が届く気がした。それが「音楽性を拡げること」に繋がった。

曲のタイアップ、特にCMの場合、実際にテレビから流れる15秒間こそが勝負であり、広告代理店には多くの候補曲が集まり、競合の末に、選ばれる。

「僅かな秒数しかなくても、どれだけ印象的なメロディが作れるか？　苦痛な作業というより、むしろ自分は、それを楽しんでいた」（桜井）

はじめて本格的なタイアップを獲得したのは、1993年7月にリリースされた「Replay」である。「グリコポッキー」のCM曲に採用され、お茶の間にも頻繁に流された。彼らを世に出そうと頑張った、レコード会社のスタッフ達の努力が実ったのである。それにより、彼らの知名度も一気にアップする。桜井の曲作りの非凡さは、誰の目や耳にも明らかだった。例えばこの曲は、いきなり聴こえるサビの歌詞には現在の二人の気持ちが描かれ、それをAメロ・Bメロで時間を遡り〝リプレイ〟していくという、卓越した構成だった。ヒットチャート的にも最高19位、売り上げ8万8330枚と、りっぱな成績を収める。しかし、ビッグ・ヒットにまでは至らなかった。

では当時、正真正銘のビッグ・ヒットとは、どんなものだったのだろう。それはミリオン。そう、100万枚を突破することだ。

それまでにさほどの時間は掛からなかった。Mr.Childrenがブレイクを果たすのは、同じ年の11月にリリースされた「CROSS ROAD」に於いてである。この作品のセールスには、ある特徴があった。チャートの最高位こそ6位だが、長期間ランクインし続け、発売22週目にしてミリオンを達成している。これはロックやポップスの売れ方というより、演歌などに見られるチャート・アクションであった。

この作品が世に出るキッカケは、この年の10月から12月まで放送された、ドラマ『同窓会』の主題歌になったことだ。脚本は井沢満。内容は、画期的かつ衝撃的なものであり、幅広い視聴者が観る夜10時という時間帯にもかかわらず、同性愛にも触れたストーリーだったのだ。ＬＧＢＴという言葉さえなかった時代の話だ。そうした話題性も手伝い、視聴率は後半になるに従い上昇していった。最終回は20パーセントを超えている。そんなドラマのお蔭もあり、「CROSS ROAD」は注目される。それは事実だ。しかし、放送が終了して年が明けても、楽曲の人気は衰えなかった。前述した通り、チャート上位にとどまり続け、日本中に浸透していく。

この作品が生まれたのは、ドラマの放送がスタートする直前のことである。彼らは山中湖畔の「サウンド・ビレッジ」で合宿していた。ここに来れば、都会の喧騒や雑用から解放され、音楽に集中できる。周囲にほかの施設は無く、車で10分ほどの場所にコンビニが一軒あるだけだった。施設内には音楽スタジオに小ホール、宿泊施設やレストランが併設されており、多くのミュージシャンが利用していた。

それは93年の秋のことである。ツアーの合間に、更なるスキルアップを目指し、彼らは音楽漬けの日々を過ごしていた。ピンク色の山小屋風のリハーサル・スタジオがあって、4人はそこに籠もることが多かった。なぜこの建物はピンク色だったのか。60年代にザ・バンドのメンバーが寝泊まりし、一時期ボブ・ディランも訪れた、ニューヨーク郊外の

「ビッグ・ピンク」を模したから、という説もある。

桜井はこのスタジオのなかで、作曲もこなしている。その時、締め切りがギリギリというハードな条件つきで舞い込んだのが、『同窓会』主題歌の話だったのだ。手がかりは、第1回分の台本のみ。不利な条件に、桜井は燃えた。彼の頭上から、何かが降りてきて、デモ音源が完成するやいなや、こう叫んだ。

「遂に100万セールスする曲が出来た！」

何の経験もない人間の言葉なら、ただの虚言にしか響かなかっただろう。しかし彼には「君がいた夏」、「抱きしめたい」、「Replay」と、曲を追うごとに少しずつ「世の中にピントが合ってきたのでは」という実感があった。この言葉を、メンバーもスタッフも、説得力あるものとして受け止めた。ところでこの話、実際に桜井は、そう言い放ったのだろうか。これは単なる伝説なのか……。

「実際に桜井が、そう叫んだのかまでは覚えていない。ただ、『Kind of Love』以降は、みんなで集まって飲んだりしてる時、あいつはよく、〝100万枚売れる曲を絶対に作ってみせる！〟とは言っていた。実際、そこに少しずつ、近づいてはいたし……。そしてこの曲で、曲もアレンジも、歌も、すべて上手くいった。それまで燻《くすぶ》ってた想いが塊《かたまり》になって、ぽ〜んと抜け出てきたのがこの曲だったと思う」（鈴木）

生まれたての「CROSS ROAD」は、どんなものだったのだろう。桜井は、「Replay」あたりからデモ音源の作り方を、より本格的なものにしていた。アレンジもきっちりと考え音を重ねて、いつ、誰の耳に触れても魅力的なものであるための備えを怠らないようにしていた。この曲も同様だ。

ただ、我々が知るものとは、少し違っていた。ストリングスやコーラスは、まだ入っていなかった。しかし［真冬のひまわりのように］のところに、〝ド・シ・ラ・ソ・ファ〟のように、まるで基本のスケール練習をするかのような裏メロを入れたりするアイデアは、既にそのときから存在した。

「Bメロのカウンター・メロディにあたる部分を、メジャーに展開させた形のイントロも、その時点ですでに構成されていた。楽器に関しては、12弦ギターやオルガンを加えた構成で」（桜井）

歌詞に関しては、「悩みや迷いがあったとしても、最後は希望に繋がるような、そんな内容がいいのだろうと思って書いていた。ただ、この時点では初回の台本だけしか読んでいないので、あのドラマがその後、あんな展開になるとは、まったく想像していなかった」（桜井）。

やがてこの音源が、小林のもとに届き、「CROSS ROAD」が完成する。彼のプロデュースにより、曲はどのように変化したのか。

「自分が作ったデモの音源を、とても評価してくれる周囲の人達もいたし、僕も満足できる部分が多かった。しかし、そこは小林さんのほうが一枚上手だった。あのドラマが抱える危うさのようなものも、小林さんはちゃんと分かっていて、その上であのイントロのアレンジを考えてくれた。ドラマに対するアプローチとしては、そのほうが正解だった」(桜井)

Mr.Childrenは、晴れてこの曲でブレイクを果たす。

「でも実感は、すぐに湧いてくるものではなかった。自分の身近にいる人が〝いい作品だ〟と言ってくれれば、それはそれで〝実感〟に繫がったけど、世の中に対して〝ブレイク〟した実感となると、それはその後も、ずっと分からないままだった」(桜井)

音楽を始めた頃の桜井は、ミリオン・ヒットを出せば、一生暮らしていけると思っていたらしい。だが実際にその立場になると、世の中、そんなに甘くないことを知る。ただ、この時点でいったん上昇することが出来たのは、様々な意味で、これからの糧《かて》となっていく。もちろん、上昇したからこそ、もしやこの先、下降するかもしれない恐怖も感じただろう。

ただ、何をしていくにもこのバンドが忘れてはならない三つのことがより明確になったのが、〝ブレイク〟したことの成果だったかもしれない。

まずは「時代をみつめていくこと」である。さらに、「アーティスティックであること」。

これを忘れてはダメだ。そして、その上で「ポピュラリティを得ることを諦めないこと」だ。〝アーティスティック〟と〝ポピュラリティ〟は、一見相反する言葉のようだが、しかしこれこそが、このあとのMr.Childrenの振り幅を生み、前へ進むためのエネルギーとなる。

明けて1994年の2月15日。彼ら4人と小林の姿は、西新宿のヒルトン・ホテルの一室にあった。二間続きのスイートを長期的に借りて、ここでアイデアを出したり、実際のレコーディングもしている。のちに〝ヒルトン・レコーディング〟とも呼ばれることになるが、そもそもの発案者は小林だった。ホテルとの交渉も、彼が行っている。

「最初は怪しまれた。そもそも、こんな利用客は前代未聞だったし。ただ、すでに僕の名前は桑田佳祐さんとの仕事などで、世間に知れていたこともあり、実績がモノをいって、ちゃんと説明したら、貸してくれることになった」（小林）

一流のホテルのスイートだなんて、ずいぶん贅沢だと思われるかもしれない。しかし、この時代に街中のレコーディング・スタジオを使用したら、有名なところでは1時間で数十万かかることもあった。音楽業界は活況を極め、スタジオの料金設定も、すこぶる強気だったのだ。それに比べれば、ホテルの部屋は、スイートとはいえ、ゼロがひとつ少ないくらい安価であった。

ホテルでのレコーディングを可能にしたのは、機材の進歩である。音のやりとりがデジタル化され、それまでのスタジオにあった大型のテープレコーダーに頼らずとも、運搬が楽なデジタル・レコーダーさえあれば事足りるようにもなっていた。また、小林は常々、日頃のレコーディング環境に、ある疑問を持っていた。プロが使用するスタジオには、壁に巨大なスピーカー・システムが埋め込まれていて、大音量でモニターしつつ、チェックするのが普通のことだ。

「でも考えてみたら、普段、音楽ファンはそんな風に音楽を聴いているわけじゃない。音量もそれほどではないし、そもそもプロの感覚からしたら簡単な装置で聴いている。だったら、レコーディングも音楽ファンに近い環境でやったらどうなのか？　それを実践したのがヒルトン・レコーディングだった」（小林）

とはいえ、ここが他の宿泊客もいる一流のホテルであることは変わらない。大音量は控えるとしても、隣室の迷惑になる可能性は大きいだろう。しかしそこは、デジタル・レコーダーの強みだ。通常はアンプを通して大きな音を出すエレキ・ギターやエレキ・ベースだが、このシステムなら、直接レコーダーにつないで演奏することが可能なので、僅かな音量しか響かない。ただ、当然ながらドラムをホテルで演奏することは不可能で、それはスタジオで録音した。

もうひとつ、注意が必要だったのは歌入れである。ここで歌をうたえば、間違いなく、他の宿泊客の耳にも届く。そんなときは、部屋の備品に損傷をあたえない範囲で、工夫をしてみた。スイートというのは、だいたいベッドルームとリビングルームの二間続きであり、そのベッドルームのほうにマイクを立て、ベッドのマットを持ち上げ、隣室側に立てかけて、防音・吸音の効果を狙ったりもした。

こうしたプライベートなレコーディング方法は、そもそも小林の自宅から始まったことでもあった。デビュー直後の4人は、彼の部屋でのプリプロ（仮録音）も経験している。しかしやがて、部屋でやるには不都合なことも起こってくる。それは、桜井が本気でシャウトすると、その声があまりに大きすぎて、まさに近所迷惑となったことだ。実は〝ヒルトン・レコーディング〟というのは、そんな事情も重なって始まったことでもあったのだ。

やがてここは、単なるレコーディングの場のみならず、オフィスのようにもなっていく。様々な打ち合わせにも使われた。事務所やレコード会社の人間が頻繁に出入りし、新たなタイアップの話も持ち上がる。

「アクエリアス ネオ／イオシス」のCMソングであり、のちに我々が「innocent world」のタイトルで知ることとなる作品が生まれたのも、この場所だ。

この話がもちあがった日の4日後、桜井は曲の全体像を構想し、ヒルトンのいつもの部屋に持っていく。この時点で既に、Aメロ、Bメロ、さらにCメロが存在し、しかしBメロからCメロへの流れをより完全なものにするため、彼はギターを持ち、ひとりでベッドルームへと籠もる。そして、みんなが打ち合わせをしていたリビングルームのほうへやってきて、小林に成果を聴かせている。

この頃の楽曲は、小林のアイデアがバンド・アンサンブルに厚みをもたらしていた。サビへ橋渡しする直前、一瞬メロディが屈伸するかのような［mr. myself］のタイミングや、2番のサビの後、ベース・ソロから［変わり続ける　街の片隅で］のBメロへと展開するあたり、さらにイントロのメロディがマイナーに移って泣きの余韻を残すエンディングの有り様は、彼のアドバイスによるものだ。小林は、当時ユニコーンの「すばらしい日々」にいたく感銘をうけており、実際の音符の動きというより、音楽制作の姿勢において、どこかであの曲に影響されたところもあったのかもしれない。

歌詞作りは難航する。桜井が最初に書いたものは、「Replay」的な世界観を踏襲しつつ、さらに恋愛の生々しい部分を、性愛にも触れながら彫りのあるものとして描く意欲作だった。桜井としては、ソングライターとしての成長を、自らも感じた自信作だ。ただ、小林はこう提案する。

「桜井の中の道化の部分も含め、桜井じゃなきゃ書けない、今、桜井が歌うからこそ意味があるような、そうした世界まで気持ちを開いていく詞ではないと、駄目なんじゃないのか？」

なぜそんなことを言ったのだろうか。

「ホテルの部屋で、確かにレコーディングは進んでいったが、自分たちがそうやっている
すぐ傍らでは、レコード会社の人が広告代理店の人と打ち合わせをしてたりして、その会
話が聞こえてくるくらいの雰囲気だった。その中で、商業ベースにどんどん合わせていく
僕を見かねて、小林さんはそこから僕を〝解放しなければ！〟と思ったんじゃないだろう
か。今の僕が歌うから、というのは、そういう想いを伝えてくれたんじゃないかと……」

（桜井）

そして桜井は、その日はこれ以上の作業はせず、部屋を出る。エレベーターで地下駐車場へ降り、帰宅の途につく。車に乗り込み、カーステレオにカセットテープを押し込む。ハンドルを握る。そのカセットは、歌の入ってない、いま制作中の新曲のテープだった。まずエンジン音が車内を満たし、やがてテープも回りだす。車は新宿・副都心を離れ、青梅街道から環七へと至る。右折し、再び直進する。

早稲田通りと交差する、大和陸橋の手前、高円寺のあたりに達する。その時だ。何かが音もなく閃《ひらめ》いた。後続を確認しつつ、彼は車を止めた。鞄からノートを取り出し、頭をよぎる様々なことを、そのままノートに書き出した。「少しだけ疲れたな」。出てきたのはそんな言葉。重いバーベルがのしかかる今の心境も、隠さず綴っていった。車のカセットか

ら流れていた、これから歌詞を充てなければならない新曲に、合わせてみたわけではない。それは彼の、偽らざる〝呟き〟そのものだ。さらに続けて、いっさい飾らず、書き記していく。

再び車を走らせて、ハンドルを左にきり、景色が変化したその時だった。さらに何かが閃く。再び車を止め、ペンを走らせる。家へ辿り着く。ノートを開くと、意外にもそこに、〝歌詞と呼べそうなもの〟が残されていた。いっさい飾らず心情を綴ったはずなのに、いつしか詩的な表現も混ざり込んでいた。実際に歌ってみてマッチングの悪い部分を少しだけ手直しすれば、充分に小林やメンバーを納得させられそうだった。「僕は僕のままでゆずれぬ夢を抱えて」、「いつの日も　この胸に流れてる　メロディー」。これらの表現も、すでに誕生していた。ただ、仕事と日常の狭間でもがく自分の姿を赤裸々に綴る部分もあり、これまでの桜井の歌作りの範疇《はんちゅう》を、大きく超えるものでもあった。

「そもそもCMの曲なのに、こんなに個人的なことでいいのだろうか?」ノートに並んだ言葉をまえに、彼は悩んだ。

翌日ヒルトンへ持っていくと、メンバーも小林も絶賛する。これまでの桜井の歌詞は、ラブソングの体裁をとることが常だった。なので作風の変化は著しい。

「初めてこの歌詞を読んだときは、〝急にこんなに自分の本音をみせちゃうんだ〟って、ちょっとビックリした記憶がある」(中川)

これは、メンバーならではの発言だろう。桜井の歌詞のフィクションとノンフィクションの差を、まっさきに感じ取るのはいつも側にいるメンバーだ。

3月3日と4日には、四谷「フリー・スタジオ」でバンドのリズム録りが行われた。ただ、その直後、進んでいた「アクエリアス ネオ／イオシス」のCMタイアップの話が、暗礁に乗り上げる。先方も楽曲を気に入ってくれている様子なので、一同、落胆する。これはどうやら〝政治的な問題〟のようであった。大きなCMタイアップともなると、利害も衝突する。しかし彼らは、そんな一大事にもサバサバしたものだった。いま進めている新曲は、明らかに自分たちの「新たなキャリアを拓くもの」との確信があった。もしタイアップがなくなったとしても、既に自分たちは、大きな財産を得ている。

幸いなことに、その後、事態は好転し、当初の予定通り、CMに採用されている。テレビをつければ、ローラー・スケートで駆け抜ける女の子のバックに、〝♪いつの日も　この胸に流れてる　メロディー〟の歌声が、響きわたるのだった。

3月6日には、築地「フリー・スタジオ」でボーカル・レコーディングが行われている。歌ってみると、実にキーが高いことに気づいた。作曲家の桜井とボーカリストの桜井は、一心同体のようで実は違う。作曲家の情熱が勝れば、ついついボーカリストの自分へ試練を与えることにもなる。冷静に考えてみると、この歌には難所が存在した。持てる地声で一番高く歌うサビの、「また何処かで　会えるといいな」の〝会える〟のところだ。専門的にはｈｉＢとも表記される、オクターブ上の〝シ〟にあたる。一般青年男子が地声で歌うのは非常に困難な音域なのである。

しかも、〝シ〟の音である歌詞の〝る〟を、単に首尾よく発声すればいいだけでなく、〝会えるといいな〟という言葉として、滑らかな節回しを獲得しなければならない。桜井は何度かトライし、喉の試運転をしつつ、この歌の歌唱全体で費やす体力のペース配分を会得した後に、歌い切ることに成功したのだ。

実はこの作品は、〝イノセント・ブルー〟というタイトルで完成する可能性もあった。完成直前まで、その案は有力でもあった。ところが、どうもしっくりこないのだ。何処までも解き放たれていくはずが、そうはならない。もっと遠くへと届いていく方法はないものか？　最終的には小林のアドバイスで、〝ブルー〟は〝ワールド〟へと変わった。言葉の意味あいは、相当違う。ただ、この場合は意味よりも、語気・語勢からの選択であったのだ。実際に歌ってみればよく分かる。〝♪イノセント・ブルーゥウゥ〜〟と歌えば〝ウ〟なので必然的に口は窄《すぼ》まっていく。しかし〝♪イノセント・ワ〜ァアア〜ルド〟と歌えば、声を太く大きく押し出すことが出来る。このあたりが歌作りの面白いところでもある。

もし「innocent world」が「innocent blue」として世に出ていたらどうだったのだろうか。大ヒットしたかもしれないし、まったくダメだったかもしれない。それは分からない。

なにしろこの世の中には、「innocent world」しか存在しないのだから。

この曲が6月にリリースされ、9月に4枚目のアルバム『Atomic Heart』が発売される。このアルバムの特徴は、まず「CROSS ROAD」「innocent world」という、大きなポピュラリティを得た2作が、アルバムの商業的な成功を担保していたことだ。それがあってこそ、より実験的に攻めていくことも可能だった。この振り幅からのダイナミズムをもって、彼らは大きく変化していく。しかも、同じサークルのなかの別の場所を開拓するのではなく、サークルの直径そのものをダイナミックに伸ばしていく。

この時期、Mr.Childrenのメンバーが関心を寄せていたのはアイルランド出身のロック・バンド「U2」だった。音楽的な影響やステージングもそうだが、精神的な面での影響も大きかった。それは具体的には、「変化することでより多くのものを巻き込んでいく姿勢」（桜井）だ。ぜひ見習いたいと思った。見習って、「ここでもっとMr.Childrenというものを、〝巨大な怪獣〟にしたいという欲望も湧いてきた」（桜井）。

『Atomic Heart』というのは、レコーディングの後半に桜井のなかで意識された言葉だという。

「このアルバムのために書いた詞は、どうも科学的な考えにもとづく気がした。例えば〝切ない〟という気持ちがあったとして、前ならそれを、当たり前の人間の感情として描いていた。しかし今回は、それをいったん顕微鏡で覗いたうえで書いているところがあっ

た」（桜井）

アルバムは、350万枚に迫るメガ・ヒットを記録する。この頃は、〝ミスチル現象〟という言葉すらマスコミに躍っていた。彼らは時代の寵児《ちょうじ》となった。まさにそれは、変化することで様々なものを巻き込み、自らを巨大化させた結果なのだった。

次なる彼らの栄光は、既に準備されていた。『Atomic Heart』がリリースされたことで、総《すべ》てを吐き出したわけではなかったのだ。『Atomic Heart』リリースの約1カ月前の、8月7日のことである。

翌日に開催される『サウンドブリーズ94』に出演するため、彼らは前日に移動し、「ホテルレオパレス名古屋」に投宿する。ホテルの一室で、所要時間3時間ほどで形になったのが、〝ミスチル現象〟にさらなる火をつけることとなる、「Tomorrow never knows」であった。

こう書くと、ひたすら絶好調が続いたかのように思えるが、実際の彼らは、過酷なライブ・スケジュールをこなすのに精一杯だった。この夏のことで言うなら、7月17日に沖縄、24日に大阪、30日に北海道、8月6日に富士急ハイランドと、それぞれ灼熱の野外イベントで演奏していた。特に桜井は、満身創痍《そうい》に近い状態でもあった。30日の北海道では、ライブ直前に風邪をひき、思うように声が出なかった。

たまたまそのイベントは、同世代のアーティストばかりが出演していて、負けたくない、自分たちが一番いいステージをやるんだという、ライバル心が芽ばえて当然の状況でもある。それなのに、喉は本調子ではない。

しかしその時、桜井はこう考えた。喉が満足じゃないなら、他のものでなんとか取り返そう。ステージの上で、あらゆる手だてを尽くそうとした。普段以上に激しい体の動きも繰り出し、オーディエンスを魅了する。終演後も彼のなかに悔しさが残ったが、でも、「まさにいま、その瞬間を相手にしつつ、〝LIVEをやっているんだ!〟という実感は大きかった」(桜井)。

過酷だが、実りある経験。それが一段落したなら、必要なのは休息だろう。しかし、他ではあまり聞けそうもない言葉が、桜井の口から洩れるのだ。

「果たさなければいけないものから解放され、ふと油断……、ではないけど、そんな精神状態のときこそ、かえって何かが生まれたりする」(桜井)

いつしかこれは、彼の持論となる。まさに8月7日の夜も、そうだったのだ。

Mr.Childrenは実績を積んだことで、周囲の状況もよくなり、例えばタイアップにしても、好条件の依頼が集まりやすくもなっていく(もちろん、それゆえ期待に応えねばという、プレッシャーも高まるのだが)。

このとき、タイアップが決まっていたのは『若者のすべて』というドラマの主題歌だった。萩原聖人と木村拓哉が主演であり、22歳の若者たちがそれぞれの痛みを抱え、過酷な現実と向き合い、懸命に生きる姿が描かれた。

このドラマのことを念頭におきつつ、さっそく書いた作品があった。桜井は、小林にデモ音源を聴かせてみる。それはメジャー調のバラードであり、フェイク英語で歌ったメロディも示されていた。

しかし小林は、「むしろ心の痛みを突き放し、そこに出口を見つけられるようなものがいいのでは」と、そんな注文を出す。この話し合いはいったん中断し、桜井は自分の部屋へと戻っていく。小林には、桜井が聴かせてくれたデモのなかに、気になる部分があった。桜井のフェイク英語が〝タ〜イム・アフター・タァ〜イム〟のように聴こえた部分だ。そう、シンディ・ローパーの名曲、「タイム・アフター・タイム」を思い出しもしたのである。

実は桜井は、まだこの新曲に関して、自分でも決めかねている部分があって、それが小林に、伝わったんだと思っていた。小林の意見は、言わずもがなだと感じている。

「実はこの時点では、この曲をメジャー調にするかマイナー調にするか、根本的なとこで迷っていた」（桜井）

そんな時、ふとブルース・スプリングスティーンの「ビコーズ・ザ・ナイト」を思い出す。

「もしスプリングスティーンのような世界観を自分なりに消化することができたら、ドラマの主人公の骨のある生き方を表現できるのかもしれない」（桜井）

もし可能なら、あえてドラマに合わせなくても、自然に合う曲が生まれる気がした。

桜井が自分の部屋にいたのは、およそ30分、いや、もっと短かったかもしれない。その間にAメロ、Bメロ、さらにサビを、ほぼ完璧に整え直してしまう。ただ、部屋にはデモ音源を記録するものがあったわけではない。浮かんできたとはいえ、そのアイデアをどう記録するかで困っていると、たまたま部屋に、ビデオカメラがあった。それを定点固定し、顔は映さずに、ギターを弾く両手の範囲のみの映像にして、記録した。やがて小林のいる部屋に出向き、その録音を聴いてもらうことにする。

小林は、桜井の集中力に驚く。これはもう、ほぼ完璧ではないか。小林としては、さきほど頭に浮かべたシンディ・ローパーの「タイム・アフター・タイム」の雰囲気から発展させて、イントロの部分のアイデアを考え、桜井に提案する。結果として、とても変化に富んだ構成に仕上がった。

小林が提案したイントロは、スローなバロックのようでいて、祈るような響きも含む。そこからしばし、淡く滲《にじ》んだフォーキーとも表現できそうなAメロが始まっていく。ここでは先を急がず、聴く者の心を、じっくり耕す。サビに関しては、物事を正直に、正面から受け止める雰囲気であり、ここまで聴き進むと、迷い悩んだ日々を受け止めつつも、歩みをとめず前を向いていく勇気に満たされる。このサビはまさに、桜井がブルース・スプリングスティーンの「ビコーズ・ザ・ナイト」からインスパイアされ、発展させた成果だ。

「〝♪はーてっ　しなぁーいっ〟っていうのは、確かにスプリングスティーンの〝♪びこぅーずっ　ざなぁぁーいっ〟みたいなところがあった。引っかけ引っかけ、捲《ま》くっていくみたいなところは、コードも含めて参考にしたところがあった」（桜井）

小林と桜井は、いつしか穏やかに会話していた。その表情は、大物を獲《え》た釣り人にも似ていた。ふと見れば、ホテルの窓からライトアップされた名古屋城の姿がみえる。つい先程出来上がった曲の仮タイトルは、「金のシャチホコ」にした。

絶対にビッグ・セールスを生む楽曲となる。だから金のシャチホコなのだ。それが理由だ。ただ、実はこうした〝仮タイトル〟には、れっきとした役割もある。いっけん悪ふざけのようなもののほうが、あとあと有効なのだ。歌詞を書く時、もっともらしい仮タイトルをつけていると、それに引きずられてしまい、発想にバイアスが掛かることが多いのだ。

東京に戻り、桜井は歌詞作りにとりかかる。当初、「明日への架け橋」というタイトルも考えた。『若者のすべて』というドラマのことは、当然ながら意識された。

「少年から青年になっていく時のほろ苦さ、酸っぱさみたいなものを書こうと思ってた」（桜井）

［勝利も敗北もないまま　孤独なレースは続いてく］というフレーズは、石神井公園をジョギング中に浮かんだものから採用した。

やがて、9月からのツアー・リハも始まっていく。場所は東京・新大久保の「オン・エア・スタジオ」。桜井は、家からスタジオまで自転車で通うことにする。来るべきツアーへの、体力作りも兼ねていた。

ちょうどペダルを漕いでいた時、［今より前に進む為には　争いを避けて通れない］というフレーズが浮かぶ。いったんまとまった歌詞に対して、小林からの感想も受け取りつつ、出来上がったもの全体をさらに俯瞰《ふかん》で眺め、書き足していった。［少しぐらい　はみだしたっていいさ］［夢を描こう］のパートは、そうして生まれたものだった。演奏も含め、曲が完成したのは9月の中旬。バンドのリズム録りは青山の「ビクター・スタジオ」で行われている。

11月上旬、「Tomorrow never knows」のリリースに合わせ、TVスポットが流れ始めた。オーストラリアの「グレート・オーシャン・ロード」までロケに出掛けた力作だ。音楽業界が好景気に沸いていたとはいえ、日本の音楽史上、もっともスケールの大きなミュージック・ビデオのひとつである。ヒット映画『クリフハンガー』で使用された映画撮影専用のヘリコプターも導入され、ダイナミックに高度を変化させる映像が収められた。断崖絶壁で、桜井は手を広げて、[果てしない闇の向こうに　手を伸ばそう」と歌っていた。その姿からはオーラが滲み出て、Mr.Children の向かうところ、もはやなんの障壁も存在しないかに思われた。

しかし彼らは、〝勝利も敗北もない孤独なレース〟の真の意味に、まだ気づいてはいなかったのである。

1995〜1996
名もなき詩

名もなき詩

ちょっとぐらいの汚れ物ならば
残さずに全部食べてやる
Oh darlin　君は誰
真実を握りしめる

君が僕を疑っているのなら
この喉を切ってくれてやる
Oh darlin　僕はノータリン
大切な物をあげる

苛立つような街並みに立ったって
感情さえもリアルに持てなくなりそうだけど

こんな不調和な生活《くらし》の中で
たまに情緒不安定になるだろう？
でも　darlin　共に悩んだり
生涯を君に捧ぐ

あるがままの心で生きられぬ弱さを
誰かのせいにして過ごしている
知らぬ間に築いていた自分らしさの檻の中で
もがいているなら
僕だってそうなんだ

どれほど分かり合える同志でも
孤独な夜はやってくるんだよ
Oh darlin　このわだかまり
きっと消せはしないだろう

いろんな事を踏み台にしてきたけど
失くしちゃいけない物がやっと見つかった気がする

君の仕草が滑稽なほど
優しい気持ちになれるんだよ
Oh darlin　夢物語
逢う度に聞かせてくれ

愛はきっと奪うでも与えるでもなくて
気が付けばそこにある物
街の風に吹かれて唄いながら
妙なプライドは捨ててしまえばいい
そこからはじまるさ

絶望、失望（Down）
何をくすぶってんだ
愛、自由、希望、夢（勇気）
足元をごらんよきっと転がってるさ

成り行きまかせの恋におち
時には誰かを傷つけたとしても
その度心いためる様な時代じゃない
誰かを想いやりゃあだになり
自分の胸につきささる

だけど
あるがままの心で生きようと願うから
人はまた傷ついてゆく
知らぬ間に築いていた自分らしさの檻の中で
もがいているなら誰だってそう
僕だってそうなんだ

愛情ってゆう形のないもの
伝えるのはいつも困難だね
だから　darlin　この「名もなき詩《うた》」を
いつまでも君に捧ぐ

1995年10月。桜井は新宿のヒルトン・ホテルに約1カ月通い、集中して20曲あまりもの曲を作った。それはのちのち、生命力あるアナログ・サウンドを目指した『深海』と、最新のデジタル・テクノロジーを応用する『BOLERO』という、2枚のアルバムを生み出すこととなる。

この時の曲作りは、ただメロディと歌詞を思い浮かべるだけではなく、アレンジの方向性も同時に考えていくプリプロも兼ねていた。なので、生まれてきた曲達のサウンド面での傾向も、この時点でだいたい分かっていた。カラーの違う2枚のアルバムを目指すという計画は、それ故に生まれたのである。この新曲のなかから最初に形になったのは、「名もなき詩」だ。

なお、この時期のMr.Childrenは、対外的な経験も積んでいる。AAA（Act Against AIDS）の活動に賛同し、桜井は桑田佳祐と「奇跡の地球《ほし》」を歌い、バンドは台湾や香港で、AAAのイベントなどを経験している。外国での触れ合いが、彼らにどんな影響を与えたのか。それは、変化へと誘《いざな》う刺激というより、むしろ逆だった。

「〝生きている〟ということの核心は、どこで暮らそうがさほど変わらないのでは、という想いを、強くする経験にもなった。人を好きになるとか、家族を大切にするとか、〝それはどこの国の人も同じなんだな〟って」(桜井)

やがて新たな年がやってくる。1996年を充実したものにするには、どうすればいいのか? 事前に小林は、メンバーにこんな提案をしている。

「〝Tomorrow never knows〟から〝everybody goes—秩序のない現代にドロップキック—〟と来て、無頼かつ等身大のMr.Childrenも表現できるようになってきたとは思う。でも、ここで新たに、より身体性を活かすというか、ロードムービーを観るような瞬発力ある曲作りをして、その中に新たなMr.Childrenの〝在り方〟を探るのはどうだろう?」

小林がメンバーに掛ける言葉は、瑣末《さまつ》なことにとらわれず、バンドの未来を俯瞰で捉えたものが多かった。それを桜井たちは、己の身の丈において、実践的なものとして捉え直す必要があった。桜井は小林の話に頷きつつ、頭を巡らした。そしてこう結論づけた。

「僕らの〝在り方〟というものが即座に伝わるのは次のシングルだろう。つまり、そこで安易なポップ感に逃げず、新たな姿を見出すことが大切なのではないか?」

確かにここ最近のシングルは、ドラマの主題歌やCMのタイアップとして世に出ることが多かった。それがイコール安易な〝在り方〟というわけではなかったし、多くの人々に曲を届けるためには大切なことだった。そして彼らのもとには、途切れることなく、様々な依頼が舞い込んできた。

その中から選ばれたのが『ピュア』というドラマの主題歌だ。主演は和久井映見。彼女が障害のある女性という難しい役を演じ、多くの感動を呼ぶこととなる。相手役は堤真一だった。初回の台本も届く。でも、あえて今回は、読むことでイメージを拡げることはしなかった。あくまで大まかな内容だけ把握し、むしろドラマからは距離を置くことにする。

桜井には、テーマにそって曲を作る応用力も、すっかり備わっていた。しかしそれは、プロのソングライターとしての適応性ということだ。己の中に、新たな発見を得ることには繋がりそうになかった。なので今回は、あえて距離を置くことから始めてみたのだ。

「そうすれば、ドラマのテーマとも自然と重なりあう、普遍的なものが見つかると信じた」（桜井）

やがてドラマのプロデューサーから、「可能なら元気のある曲で」という要望が届く。小林は、「例えば〝シーソーゲーム〜勇敢な恋の歌〜〟のBメロの、〝♪ドン　タッ　ドドタッ〟というリズム・パターンはどうか？」と提案してみる。とはいえ、「そうすべき」ということではけしてなく、同じ作曲家として、〝自分ならこんなアイデアもアリかもしれない〟と、軽く桜井に投げかける程度のことだった。桜井は、小林の提案をうけて試作してみるが、これぞというものは生まれなかった。

そのあと桜井は、さらにドラマやバンドの〝在り方〟からはいったん離れ、束縛なく、思い浮かべたメロディにフェイク英語を添わせつつ、楽想を膨らませる。すると、歌詞でいえば［Oh darlin］にあたる部分が浮かんでくる。〝これを起点にして、曲全体を引っ張るアイデアも生まれるかもしれない……〟。そう直感した彼は、［Oh darlin］のフレーズを反芻《はんすう》しつつ、気分転換のため、ジョギングに出掛けた。

それが幸運を呼び込むことが度々あった。「Tomorrow never knows」もそうだ。走っていて浮かんだ歌詞が、歌の重要なフレーズとして残った。ジョギングの、なにが有効なのか。学者が散歩しつつ思考を深める、という話は聞くが、こちらは音楽であり、リズムも大切で、だから散歩ではなく、ジョギングなのかもしれない。

くるぶしを軽快に返しつつ、彼は走っていた。すると、いきなりAメロ冒頭の［ちょっとぐらいの汚れ物］の部分が思い浮かんだ。既に頭の中にあった、さきほどの［Oh darlin］は、韻を踏む形で［僕はノータリン］ということで落ち着く。他にも様々に浮かんできた。ジョギングに感謝だ。徐々に徐々に、我々が知る「名もなき詩」へと近づいていった。

［ちょっとぐらいの汚れ物］というフレーズに対しては、［残さずに全部食べてやる］と続けてみた。実はこれ、彼が日常のなかから得た表現なのである。当時の彼の「作詞・ネタ帳」にも存在したフレーズである。幼かった我が子との、食事の最中の実感こそが、この言葉のヒントとなっていた。とはいえ他にも様々、実際のエピソードを並べたわけでは

ない。「残さずに全部食べてやる」に関しては、意図的に頭でひねりだした。
「相手のマイナスな部分も含め、その人を愛します。この歌の主人公が、そんな考えの持ち主であることを伝えたかった」（桜井）
実は以前も「ラヴ コネクション」において、「訳ありの過去も 愛してあげよってなもんさ」と歌っていた。それと同質の想いでもある。

果たして、一番伝えたかったことはなんだったのだろうか？ それは、実にシンプルなことなのだ。その愛が本物であることの証明だ。

「想いの大きさを、歌詞として、どう深めていくのかを、ずっと考えていた。気づけばそのうち、「この喉を切ってくれてやる」なんていうことまで書いていた」（桜井）

ショッキングな表現だった。ボーカリストである彼が〝喉を切ってくれてやる〟と言い放てば、命やこの身を賭す、という以上のものが強烈に伝わる。

演奏からも、歌詞からも、共通して伝わるのは「生々しさ」だ。それはこの曲でMr.Childrenが辿り着いた新たな感覚かもしれない。バンドの音が、まさにそう。

「この頃は、〝バンド4人が見える音〟がやりたいと、僕ら全員が思っていた。実際この曲がそうなった。やろうと思えば4人だけで演奏できるし、これはその後の自信になった」（桜井）

聴こえてくる楽器の音には、それぞれ彼らの〝名前が書かれている〟かのようだ。

イントロから印象的なのは鈴木のドラムで、ゆったりと弾む感覚が心地よい。さらに田原のギターが、その場を圧するように響いてきて、中川のベースが地中から突き上げるように姿を現してくる。

みんな手加減なしの目一杯であり、遠慮はないのに、それが半径を広げつつ轟《とどろ》いていく。そこに桜井の、［ちょっとぐらいの］と呟くような歌が聴こえてきて、そこからさらに、どんどんビルドアップしていく。

そもそも桜井は、「名もなき詩」にある二重構造を仕掛けている。自分自身のごくごく身近な感覚と、まるで哲学書のように「愛」の本質を考察する態度である。それがひとつの歌の中で交差し、ダイナミズムを生んでいく。

「そう。〝ちょっとぐらいの〟と始まっておきながら、〝愛は気が付けばそこにある〟とか、どんどん広がっていく。そのうち更に、早口言葉みたいなパートも出てきて、でも最後は再び〝ぽつん〟と終わりたかった」（桜井）

〝ぽつん〟というのは、エンディングの［いつまでも君に捧ぐ］という、まるで手紙の締めの言葉のような部分だ。そしてこれは、小林の言っていた、まさにロードムービーを観ているかのような展開でもあった。

特に世間に衝撃を与えたのは、いまも出てきた、早口言葉のパートだろう。これはどんな端緒から生まれたのだろう。

『曲を更に展開するにはどうしたらいいのかを考えていた。歌詞の面でも、自分には、もっともっと言いたいことがあるんだということを示すには？　と考えていて、その時、〝そうだ、佐野元春さんがラップのように歌う、あの感じでやってみればいいんだ〟って思いついた」（桜井）

小林も、この早口言葉の部分が出てきたときには、「正直、凄いなと思った」という。

「この当時、こんな早口で歌ってる人間はほかにいなかった。今度の曲は、それまでの規格を打ち破るものになったらいいなと思ったが、まさにそんなものが出来上がった」（小林）

この歌にはひときわ心に突き刺さる名フレーズがある。「自分らしさの檻の中で　もがいているなら」だ。これは、桜井が自らに宛てて書いたものだという。

「それまでの僕には、得意なジャンルに収まって、既成概念のなかで満足してしまうところがあった。でも、そこを突き破って、新しいものを創らなければいけない。こうして歌詞にすることで、自分自身にプレッシャーを与えようともしていた」（桜井）

「愛はきっと奪うでも与えるでもなくて」のあたりは、渾身の想いで絞り出したものだった。しかし、歌は実際に歌われて音源として残されない限り、命が吹き込まれることもないのだ。「絶対に、この歌入れをするまで死にたくない」。大袈裟ではなく、彼はそう思っていた。歌が持つストイックさと、当時の桜井自身のストイックさが、互いの純度を高めながら、歌入れの日を待った。

1995年11月、無事に彼は歌いきる。

CDのジャケットも、Mr.Children の〝新しい在り方〟と関係あるものとなった。幅広く受け入れられるデザインとは真逆であり、舌を挑発的に出す、桜井の顔のアップが採用されている。しかも舌の上にはじかに〝NO NAME〟と書かれていた。彼らにしたら、非常にパンクなテイストである。

当初は顔に文字を映写するアイデアだったが、より〝生々しさ〟を求め、このデザインになったという。お客様に対して舌を出すというのは、やってはいけない行為である。しかし大衆は、彼らの新たな挑戦を受け入れた。

「名もなき詩」は255万枚セールスの大ヒットを記録する。

「名もなき詩」と前後して生まれたのが「花 -Mémento-Mori-」だ。この作品は、桜井がヒルトンで長い創作期間を過ごした、その最終日に、思いがけず誕生したものだ。彼はこの期間に、20曲あまりもの新たな作品を誕生させ、成果は上々だったことには先ほども触れている。なので最後の日くらい、ハメをはずそうと思った。

その日は、たまたま昼間に、草野球の予定を入れていた。Mr.Childrenのメンバーのあいだで、野球熱が高かった時期である。彼らは「ジミケン」というチームを結成し、自分たちのユニフォームを特注で作るほどの熱の入れようだった。

その時、桜井はセンターの守備についていた。この日は酷《ひど》い二日酔いであり、本来ならピッチャーの自信もあったものの、やめておいた。センターというポジションは独特だ。特に草野球の場合、ここまで大きな飛球が飛ぶことは少なく、ここにいれば孤独にもなれた。自分は試合に参加している、という意識を片隅に置き、物思いに耽《ふけ》ることが出来た。

すると突然、メロディが降ってくるではないか。実は、メロディというのは誰にでも降ってくるものなのだ。それを上手にキャッチできる人間が、優秀なソングライターなのである。しかもこの日の桜井は、グローブをはめていた。それはのちに「花 –Mémento-Mori–」となる。

ハメをはずそうと誓った最終日だったが、音楽の神様は、〝さらに曲を作りつづけよ!〟と命じている。このメロディを、その日のうちに形にしたくなった。形にしないと、その場で蒸発して、どこか別の人のところへ行ってしまう気がしたのだ。

ヒルトンの部屋には、まだエンジニアとマニピュレーターが残っていた。自分が授かったのは、女性的なメロディだ。だとしたら、この3人で、とりあえずユニットを作ろうと思い立つ。それでなくても、世はユニット・ブームだ。コンピューターによる音作りが可能性を広げ、音楽資本主義が効率を追い求めた結果、バンドより生産性が高いものとしてもて囃《はや》されたのがユニットだった。

しかし、その場にいた男3人では味気ない。これからオーディションをやって、女性ボーカルを招こう。出来れば、作品ごとに様々なボーカリストを招くのはどうだろう。ただこれは、何かと競合する。小林がプロデュースし、大ヒットを飛ばしていたMY LITTLE LOVERである。しかし桜井は、いっそのことなら対抗しようと考える。もちろん、あくまでシャレとして。

動機がマジでもシャレでも、実際に音を作り始めたら、真剣そのものである。このあと、なぜ自分は〝女性的なメロディ〟を授かったのか、その理由に気づく。

彼はここのところ、リサ・ローブが大好きで、よく聴いていた。メガネがトレードマークだったリサ・ローブは、まったくの無名ながら映画がきっかけで大ヒットを飛ばし、Lisa Loeb & The Nine Storiesの『テイルズ』は、日本でも大評判となっていた。桜井は、彼女の笑顔と的確な曲作り、さらにThe Nine Storiesのシンプルなギター・サウンドを好ましく思っていた。

女性ユニットが歌うという意識が、もっとも働いたのは歌詞である。一般的な女性の心情を推し量り、言葉を綴ってみた。普段は恋愛や仕事など、様々なことに翻弄され、本当の自分を見失いがちな女性も数多いことだろう。

「でもこの歌を聴いて、素直な気持ちを取り戻してくれたなら……」（桜井）

その願いを込めたのだ。

そのあたりの想いが端的に表れたのが、［同年代の友人達が　家族を築いてく］という歌詞だろう。もちろん、家族を築くだけが女性の幸せではない。しかし、仕事をバリバリこなすような女性であっても、何かの障壁にぶつかった時、ふいに差し込む〝保守的な気分〟というのはあるはずだ。でも、それにも負けずに頑張る彼女達を応援しようと思った。また、［なんとなくね］といった言葉の使い方も、女性が歌うことを想定したから出てきたものだ。

いったん女性の立場になってみたことで、愛というものを普段と違う角度から客観的に考察する結果にもなった。特に［甘えぬように］［寄り添うように］［孤独を分け合うように］の三連続の部分は、達観の領域にも手が届きそうな名フレーズと言えよう。まさにこれぞ、愛をフレッシュな状態に保つための三大処方箋といえる。

さらに彼は人間が〝生きること〟そのものについても考察し始める。

「死についても様々に考えた。別に、自分が〝死にたい〟とかではなく、そう考えてみたほうが、より発想が自由になると思った」（桜井）

そうした前提を置きつつ、人生における可能な限りの取捨選択を、頭に浮かべてみたのである。その選択肢から、自分なら何を選ぶのだろう、と考えた時、この歌のサビのフレーズへと辿り着く。

そんなときは、誰かに何かを強いるのではなく、せめて自分の心の中だけでも「花を咲かせたい」と願った。なお、こうした考えは、アルバム『深海』の最後を飾る、「深海」という作品にも表れている。

架空の女性ユニットというアイデアは、計画を具体化させる。知り合いの女性に、実際にこの作品を歌ってもらい、デモを制作する。ただ、そうこうするうち、「このままヒトにあげてしまうのも忍びない」と思い始め、「最終的には僕自身が歌うことになった。ただ、本当に歌っていいものなのか、当時のマネージャーにもずいぶん相談したりした」(桜井)。

この曲の演奏は、セブンス・コードが効いたブルースっぽいビターな味わいである。素直な歌詞が、この曲調により、引き立てられている。言葉がいっさい浮つかず、心に深く響く作品に仕上がっていく。

その後、彼らはアルバム『深海』のレコーディングのためニューヨークへ旅立つが、「ウォーターフロント・スタジオ」で、まっさきにレコーディングされたのが「花 –Mémento-Mori–」だった。メンバー4人にとって、来るべきアルバムに向け、大きな手応えとなる。それぞれの楽器が太く逞《たくま》しく響かなければ成立しそうにないアレンジだったが、まさにそれは、アナログの存在感ある音が録れるこのスタジオ向きと言えた。

「これから向かっていくべき方向が、この曲で開けた。しかも、思い描いた以上の大きな道が、目の前に現れた」(中川)

曲タイトルについて付け加える。この時期の桜井の変化を、小林は感じ取っていたのかもしれない。彼は桜井に、写真家で著述家の藤原新也の『メメント・モリ』という本を勧める。

このタイトルは、〝ヒトは必ず死ぬ、ということを忘れるな〟という意味のラテン語〝Mémento-Mori〟から来ている。それをサブ・タイトルに引用することを勧めたのも小林で、メンバーも承諾する。〝花〟という美しいものの横に、敢えてこの言葉をぶつけることで、モノの見え方が表面的ではなくなり、彫りを深くした。

この曲がリリースされたのは、1996年の4月のことだった。


ニューヨークでのレコーディングが続いていった。来るべきアルバムを見据えて、彼らは奮闘していた。しかしこの地は極寒であった。吐く息がそのまま固形物となり、目の前に浮遊するくらいの寒さである。街路樹にはダイヤモンドダストが降り注いでいた。

当時、4人はアパートを借り、長期滞在していたが、アパートといっても重厚な建物で、セキュリティのための受付があり、ドアマンもいる。メンバーそれぞれの部屋は、さほど広くはないが、居間と寝室、キッチンが完備していた。

「ウォーターフロント・スタジオ」は、マンハッタンから車で30分ほどのニュージャージー地区にあった。トンネルを潜り、ハドソン河を越える必要がある。ブルース・スプリングスティーンの出身地としても知られている。

彼は労働者階級の若者の気持ちを歌って全米のスターとなる。そんなイメージで街を眺めると、工場が多そうな雰囲気にも思える。スタジオの外観は、このあたりに珍しくない、倉庫と見間違うそっけない佇まいだ。しかし、〝ウォーターフロント〟の名のとおり、河べりに立地し、向こう岸にはマンハッタンの摩天楼がそびえていた。

ドアを開ければ、なんの前触れもなく、いきなり大きなスタジオが出現する。ただ、バレエの練習場ですと言われたら、そんなふうにしか見えない。この広いスタジオは、通称〝ビッグ・ルーム〟と呼ばれ、楽器を弾けば、豊かな響きが得られた。天井には、このスタジオの企業秘密とおぼしき吸音材の配置がみられた。

右奥には、ミキシング・コンソールが置かれ、仕切られた部屋があった。そしてその右側には、〝デッド・ルーム〟と呼ばれる、響きが極端に少ない小部屋もある。でも、それ以外に目ぼしい設備はない。打ち合わせのための部屋などもなく、4人はどうしていたのかというと、演奏しないときは、直接、床に座っていたのだ。

桜井は、腹這いになって紙を広げ、歌詞を手直ししていた。このスタジオで録音され、全世界で大ヒットした作品にレニー・クラヴィッツの『自由への疾走』がある。そのCDのインナースリーブをみると、レニーが腹這いになり、何やらメモをしているような写真がある。桜井も、同じような格好で作業していたが、それはつまり、このスタジオにはちゃんとしたミーティング・ルームなど存在しないからだった。

ここの財産である、ビンテージの録音機材は無造作に並べられていた。4人がここにやってきたのは、このスタジオの主、当時、〝アナログ大魔王〟と呼ばれたヘンリー・ハッシュのもと、太くて柔らかくて力強い、極上のアナログ・サウンドを求めたからだが、ヘンリーのマジックを具現化するのが、これらビンテージ機材なのだ。実は一度、既に3枚目のアルバム『Versus』のときに訪れていたため、多少の勝手は分かっていた。しかし今回は、東京で録った「名もなき詩」以外、残りのすべてをここで録音するのである。

『深海』は、全体を組曲にみなすことも可能な、音のタペストリーを目指したものだ。一般に、トータル・アルバムといわれる形式である。当時、プロデューサーの小林は、「初期のピンク・フロイドのようなもの」を想像していたという。初期というのは『原子心母』あたりまでの作品だ。いっぽう、桜井は井上陽水の『断絶』を思い描いていたそうだ。

この話は両者の頭の中のイメージが、ずいぶん乖離《かいり》してしまっている印象を与える。かたや英国の〝プログレッシヴ・ロック〟の代表格であり、かたや日本の〝四畳半フォーク〟なのだから、当然と言えるのかもしれない。しかし、改めて『断絶』を聞き直してみると、このアルバムは『深海』のようなトータル・アルバムではないものの、陽水の曲作り、星勝《かつ》のアレンジが、充分にプログレッシヴなものだったことが分かる。小林と桜井が、まったく別なものを思い描いていたのかというと、実は違うのだ。

やがて完成した『深海』だが、彼らはこのトータル・アルバムに、小説でいうところのプロットのようなものを用意している。

まず聴こえてくるのはオーヴァチュア的な「Dive」。「『深海』といえば、まず水の音以外ないだろう」(桜井)ということで、このアイデアはすんなり決まったという。しかしここで、アナログ・サウンドに特化したはずのアルバムなのに、シンセサイザーが使われている。スタジオの主であるヘンリー・ハッシュは、アナログを愛するあまり、大のシンセ嫌いで有名だった。

「ただ、ここで使っているのはコルグのアナログ・シンセ。アナログということで、了解してもらった」(桜井)

いよいよ桜井のボーカルが聴こえる。「シーラカンス」である。この作品はニューヨーク滞在中に詞を書き、曲も出来ると直ぐに、バンドの音合わせが始まって、そのままレコーディングしたものだ。

そもそもこの『深海』には、愛や夢や希望という、それまで多くの歌のなかで取り上げられてきたものに対する、アンチテーゼが含まれていた。

「その意味では、それら総てに対する〝問いただし〟のアルバムといえる」（桜井）

では、なぜシーラカンスだったのだろうか？　3億8千万年前から棲息して、〝生きた化石〟と呼ばれるこの魚を、なぜ登場させたのか？　それこそ前述の、愛や夢や希望に対する〝問いただし〟なのだ。

かつてはあったかもしれない、それらの感情。「それは今も、そこにあるのか？」。シーラカンスは、その象徴として登場するのである。

「でもこの魚、シーラカンスの存在は、まさに桜井そのものに思えた。桜井の意思が、まさに目の前に泳いでいる気がした」（田原）

「シーラカンス」は我々を、海底へと招き入れた。たゆたうようなバンドの演奏は、水深の変化を表現していくようでもある。まさに英国のプログレッシヴ・ロックの雰囲気と言える。

次は「手紙」。男女の別れを歌う。

「この歌は、アルバムの序盤にもかかわらず、別れを、つまり結末を歌っている。やがて曲が進むにつれて、出会いの歌も出てくるけど……。敢えて順番を逆にすることで、この

アルバムの物語が、様々にリンクしていくことを願い、この構成にした」(桜井)

曲のモチーフは、かつて彼がよく通った公園で、毎日必ず午後5時に流れていたショパンの「別れの曲」である。しかしBメロは、「井上陽水さんの節回しにインスパイアされたものとも自己分析できる」(桜井)。

次の「ありふれたLove Story～男女問題はいつも面倒だ～」は、「手紙」の結末を受け、そこからどう発展させるかを考え、書かれている。一見、Mr.Childrenの王道のラブソングとも言える。しかし変拍子の活用など、曲の構成・アレンジは、これまでにない新鮮なものだ。

「ありふれた、と、言いつつ、ぜんぜんありふれてなくて、どんどんビルドアップしていく」(鈴木)

この曲は「愛のプラスな部分もマイナスな部分も含め、正体を見極めることで、その両面が見せられるような詞にしたかった」(桜井)。

このあたりまでくると、じっくりこのアルバムと向き合おうという気分が高まるかのようにサウンドの質感にも慣れてきて、耳が腰を据える。そして「Mirror」。このタイトルは、「自分は自分を映す鏡を探しているのかもしれない」(桜井)という仮定からのもの。当時、彼が観に行った鴻上尚史作の演劇『トランス』への共感も、この作品に反映された。

歌詞は家族と外食中、ふと浮かんだものを、レストラン「木曽路」の箸袋の裏にメモをした。［碌でも］を〝ロックでも〟とダブル・ミーニングにするなど、細部も凝っている。ただ、これは歌詞カードを眺めてみて初めて判明すること。単に歌を聴いている分には、シンプルで柔らかなポップ・チューンの印象だ。

「あとからプレイバックして確認しなくても、これは演奏してる時から〝気持ちいい〟と感じられるものだった」（中川）

そんなメンバーの納得も、この曲をシンプルなものにした。

続く「Making Songs」は、トータル・アルバムならではの趣向だ。「Mirror」の余韻を受け、次へ橋渡しする。普段、桜井が曲作りの過程でテープレコーダーに吹き込んでいるような質感の音源を、再現したものになっている。

「Mirror」では、一人の人間が誰かのために〝単純明快なLove Song〟を作るということを示唆していた。そして「Making Songs」では、それを受けてまさにメイキングする姿を垣間見せる。この音源の最後には、次に控えるこの曲も含まれていた。

「名もなき詩」。この曲の成り立ちについては既に触れたが、彼らが危惧していたのは、この作品だけ事前に日本でレコーディングしたので、全体のなかで浮かないか、ということだった。結論を言えば、問題はなかった。つまり「名もなき詩」は、ニューヨークで録音すべき骨太のアナログ・サウンドを、日本で先取りしたものと言える。もし『深海』がアナログのレコードだったとしたら、ここでA面はおしまいである。

「そしてここから、さらに世界は広がっていく。男と女という枠からも、どんどん外へ出て行く」（桜井）

実際、コツコツという硬質の足音が響き、ドアが開くSEが聴こえてくる。まさにその先は、外の空気だ。雑踏のなか、生ギターにハーモニカ・ホルダーの男が登場するのだ。思えば「名もなき詩」の［街の風に吹かれて唄いながら］は、これから始まる次なる曲への布石と受け取れる。つまり「So Let's Get Truth」は、「風に吹かれて」が代表曲の、ボブ・ディランをイメージさせるからだ。

［団塊の世代が産んだ愛の結晶］とは、Mr.Childrenのメンバー自身が第二次ベビーブーム前期に出生していることを鑑みれば、自分たちのことを指したものだ。つまり彼らの親たちが、〝団塊の世代〟にあたるのである。

［若きこの世の雑草です］は、ニューヨークのスタジオのアシスタント・エンジニアの若者に由来する表現である。彼は仲間うちから〝若き雑草〟というニックネームで呼ばれていた。最後に聴こえる英語の声は、この〝ストリート・ミュージシャン〟に対して、通り掛かって足をとめ、この若者の歌を聴いてあげた人間が放った言葉という設定だ。「なかなかイケてるけど、昼間の仕事は辞めるなよ」。それは真摯な忠告だ。ニューヨークのミュージシャンの層は、日本と比べものにならないくらいにぶ厚い。

ここで「臨時ニュース」が入る。となれば、〝音楽鑑賞〟の気分ではなくなる。これも彼らの周到に練られた仕掛けだ。ここでいったん、ここまでの音楽体験をリセットしてもらい、再び集中してもらおうというのだ。そうやって耳が戻ってくると、より攻撃的な世界観が待ち受けていた。

「マシンガンをぶっ放せ」。視界が、それまで以上に混沌としていく。桜井自身はこの作品の［愛せよ目の前の疫病を］の歌詞を、当時、たいそう気に入っていたという。

もうひとつのキーワードとして、［毒蜘蛛］も登場する。これは1995年9月に大阪でみつかった、外来性の蜘蛛が巻き起こした大騒動にまつわる言葉に由来する。

世界は隔離されたなかでこそ成立するという考えなら、毒蜘蛛は排除すべき対象だ。しかし、そもそも世の中というのは、自由な混交によりタフさを増していくべきと考えるなら、この生物に対する認識も変わってくる。その問題提起として、この単語が使われている。バンドの演奏は特筆すべきものだ。

「各楽器にしっかりとした配役があり、どの楽器も端役にはならないアレンジが成立した」（田原）

マシンガンをぶっ放し、混沌のなかに真実を探した男も、やがて疲れ果てる時がくる。「ゆりかごのある丘から」へと舞い戻る。冒頭、ギターとサックスの響きが印象的である。

イメージとして、ここでの楽器の響きは、〝遠い目〟をするかのようだ。想いを遥かなる場所へと馳せていく。コードは闊達《かったつ》に流れたりはせず、立ち止まったような雰囲気で巡回する。

実はこの作品は、アマチュアの頃から存在していた。しかし収録するにあたり、［戦争］を［戦場］に変更している。

「そのことで、より多くの聴き手にリアリティを持ってもらえると思った」（桜井）

確かに〝戦場〟なら、仕事にしてもそうだが、日常のそこかしこに存在する。アマチュアの頃の作品を、なぜ収録しようと思ったのだろう。実は、今回のアルバムでは桜井の歌詞が心象・心情に傾いていて、実景が浮かぶものが少なかったからなのだ。

「情景が浮かび、かつ、生々しい感情がそこにあるもの、ということで、ぜひ入れたくなった」（桜井）

そしてエンディングでは、ふたたび「シーラカンス」のフレーズが浮かび上がる。つまり、愛の真実の姿は、まだ海の底に留まったままま、ということである。

「虜《とりこ》」は60年代〜70年代のブルース・ロックを基調としたもので、ジャニス・ジョプリンのビッグ・ブラザー・アンド・ザ・ホールディング・カンパニー風の演奏が冴え渡っている。小林のエレキピアノ、後半の女性コーラスも存在感が非常に大きい。そもそもニューヨークでアナログ機材でレコーディングするというイメージは、この曲が発端でもあったし、「花 –Mémento-Mori–」とともに、レコーディングの最初の段階でスタジオに響いたのがこの曲だった。

この作品もそうだが、アルバムを通じた特色として、中川のベースと鈴木のドラムが、生命力を増している。ふたりはこのスタジオでの経験が、今後の礎《いしずえ》になると確信する。特に中川は、「ベースが他の楽器と混ざり合う際の、共存と対立をコントロールしていくことの大切さ」を実感したという。

そもそも彼のベースは、同世代のギター・バンドのなかでも、メロディアスな奏法が際立つのだが、それがここにきて、さらに高い意識として、バンドに貢献し始めるのだ。

鈴木はニューヨークで、新たなチャレンジをしている。従来のレコーディングでは、ドラムを各パーツごと別々に録音し、あとからバランスを取るのが普通だが、ニューヨークでは、天井から下がったRとLの2本のマイクのみの録音に臨んだのだ。

「自分でバランスをとって叩かなければいけなかった」（鈴木）

しかしやってみると、かつて憧れたレッド・ツェッペリンのジョン・ボーナムにも匹敵する音で鳴り始めた。

「自分が求めた音でドラムが鳴ると、もう、〝体が喜んじゃう〟。このときが、まさにそうだった」（鈴木）

そしてアルバムは、いよいよ「花 -Mémento-Mori-」へ。それまでの作品は、主に希望よりは、そこに辿り着かず彷徨《さまよ》う心情を引き受けてきた。ならばせめて最後だけは、希望の灯とともに終わりたい。しかし『深海』へと向かっていた桜井のソング・ライティングは、あっけらかんと夢や愛を歌うまでには至らなかった。その時点での彼の精一杯の希望。それがこの歌の、[笑って咲く花になろう]である。

最後がタイトル・ソングの「深海」だ。

「プロローグ的な〝シーラカンス〟に対して、これはエピローグ。対になっている」（桜井）

エピローグでは〝シーラカンス〟に向かって[連れてってくれないか　連れ戻してくれないか]と歌いかける。〝シーラカンス〟を〝愛や夢や希望〟という言葉と置き換えて聴くならば、この歌が、より深く響くだろう。

アルバム『深海』は、最後に再び水の音とともに終わっていく。ただ、冒頭の「Dive」の時とは違う景色が脳裏に広がる。冷たく沈み、視野が狭められていくようなオープニングの音にくらべ、ずいぶん柔らかな音である。光の筋を、幾重にも湛《たた》えたような、そんな音なのだ。

アルバム・ジャケットは、海の底に置かれた一脚の椅子を、微かな光が照らすというものだ。もともと、ニューヨークのスタジオのトイレに置いてあった、ある雑誌に紹介されていたアンディ・ウォーホルの「エレクトリック・チェアー」にインスパイアされたものだ。

「蒼い部屋に、椅子がぽつんと置いてあり、薄気味悪い影がある、そんな作品だった」(桜井)

その椅子に、誰かが座るのかもしれない、永遠に空いたままかもしれない。それは電気椅子だった。雑誌をみたとき、すぐには気付かなかったという。しかし、人はやがて死んでいくというところまで考えを広げ、その上で書いた「花 –Mémento-Mori–」と、暗示的に引き合うものを感じた。そのイメージを、デザイナーの信藤三雄に託し、アルバム・カバーが完成した。

『深海』は、問題作と言われた。ファンは、アルバム全体が繋がっていくトータル・アルバムという形式には慣れていなかった。しまいにこのアルバムは、「Mr.Children のファンを続けるかどうかの〝踏み絵〟のようなもの」とまで称された。

そもそも桜井がヒルトンに籠もって作った約20曲は、アナログ・サウンドを追求する『深海』と、最新のデジタル技術を駆使する『BOLERO』、このふたつを制作する計画のもと、スタートしたものである。

もしこの2枚のアルバムが、同時に店頭に並んだのなら、おそらく見え方も違ったのだろうが、まず世に問うことになったのが、『深海』だった。

「当初の予定では、ヘヴィな『深海』を作ったあと、今度はポップにスコーンと抜けた『BOLERO』を作る予定だったのが、当時の心境と『深海』の音楽性がリンクし過ぎて、思った以上に深いところへ行ってしまい、いざ『BOLERO』を作り始めても、『深海』を引きずったところがあった」(桜井)

ではいったい、海の底からの生還は、いつになるのだろう。潜水士の格好をした4人をみかけるのは、少し先のことだ。

1997～1998
終わりなき旅

終わりなき旅

息を切らしてさ　駆け抜けた道を　振り返りはしないのさ
ただ未来だけを見据えながら　放つ願い
カンナみたいにね　命を削ってさ　情熱を灯しては
また光と影を連れて　進むんだ

大きな声で　声をからして　愛されたいと歌っているんだよ
「ガキじゃあるまいし」自分に言い聞かすけど　また答え探してしまう

閉ざされたドアの向こうに　新しい何かが待っていて
きっときっとって　僕を動かしてる
いいことばかりでは無いさ　でも次の扉をノックしたい
もっと大きなはずの自分を探す　終わりなき旅

誰と話しても　誰かと過ごしても　寂しさは募るけど
どこかに自分を必要としてる人がいる

憂鬱な恋に　胸が痛んで　愛されたいと泣いていたんだろう
心配ないぜ　時は無情な程に　全てを洗い流してくれる

1997 - 1998 「終わりなき旅」

難しく考え出すと　結局全てが嫌になって
そっとそっと　逃げ出したくなるけど
高ければ高い壁の方が　登った時気持ちいいもんな
まだ限界だなんて認めちゃいないさ

時代は混乱し続け　その代償を探す
人はつじつまを合わす様に　型にはまってく
誰の真似もすんな　君は君でいい
生きる為のレシピなんてない　ないさ

息を切らしてさ　駆け抜けた道を　振り返りはしないのさ
ただ未来へと夢を乗せて

閉ざされたドアの向こうに　新しい何かが待っていて
きっときっとって　君を動かしてる
いいことばかりでは無いさ　でも次の扉をノックしよう
もっと素晴しいはずの自分を探して

胸に抱え込んだ迷いが　プラスの力に変わるように
いつも今日だって僕らは動いてる
嫌な事ばかりではないさ　さあ次の扉をノックしよう
もっと大きなはずの自分を探す　終わりなき旅

いつしかMr.Childrenの周辺では、解散説が噂されるようになる。絶好調の時ほど、こういう話が副作用のように飛び出すものだが、勘繰った見方をしたなら、そう思えなくもないフシもあった。

『深海』に続くアルバム『BOLERO』のTVスポットは、これまでのミュージック・ビデオが、走馬灯のように巡っていく編集がされていた。そもそもこのアルバムは、ベスト・アルバムではないものの、ここ2~3年の集大成といえた。

さらに1997年3月27日、28日の東京ドーム公演は、長く続いたツアー『regress or progress '96-'97』の最終公演である。この日をもって、有終の美を飾るのではないか――。実際のところ、ドーム公演のあとは、しばらく休む予定になっていたし、そのこと自体はファンに告げられていた。しかし世間は、憶測を膨らませたのである。

噂を否定するため、桜井はコンサートのMCで、こう話した。

「今回の解散騒動は、ちょっとコンビニに行っただけなのに、捜索願いが出されたようなものだった」

逆に考えれば、噂は名誉なことでもあったろう。『Atomic Heart』から『深海』、『BOLERO』

と、多彩な表現を駆使し、バンドは一気にピークに到達する。音楽界を席巻するに留まらず、日本中に〝ミスチル現象〟を巻き起こす。彼らはやり切った。出し切った。それが伝わったからこそ、憶測も生まれたのだ。

ツアー『regress or progress '96－'97』は、『深海』を全曲ノンストップで演奏するという、他に類を見ないものだった。このアルバムが、全体を通してひとつの物語を成すのは前章で触れたが、それをライブで生演奏するとなると、相当の集中力が必要である。当時の彼らには、それが備わっていたし、客席もそれを受け止めた。そんな両者の幸せな関係があって、このツアーは成功した。そんななか、異様ともいえる熱気に包まれたのが、東京ドーム最終公演だった。

１９９７年3月28日。時刻は21時過ぎ。『深海』の全曲を演奏し終わり、スクリーンに「Out of deep sea」の文字が浮かびあがる。彼らは、私たちは、海の底から地上へ戻ってきたのだ。

そのあと、『BOLERO』に収録された「Brandnew my lover」が始まる。旋回するライトが降りてきて、舞台中央に、カプセルに閉じ込められた桜井の姿が浮かび、そこから脱出するという、迫真のパフォーマンスに臨む。そもそも作品自体が、そんな舞台演出を呼び込む新境地を示していた。エロスとタナトスが交差するような歌詞の世界観は、彼らのラブソングの領域を、さらに押し広げるものだった。

続く「ALIVE」は、広いドームの空間の、隅々までを静かに圧倒していった。何かを欲しがることはせず、でも確かに、バンドの未来を手繰りよせるかのような演奏だった。

そもそも『BOLERO』というアルバム・タイトルは、モーリス・ラヴェルの同名曲に由来し、徐々に徐々に徐々に〝拓《ひら》いていく〟ことを意味している。音楽用語でいえばクレッシェンド。「ALIVE」という曲は、この言葉をまさに体現するかのようだ。そして総てが眠りに就くかのように、最終公演は終わっていった。

ところがまだ続きがあった。ファンクラブの企画として、3月31日に1000人ほどの観客を前に、特別のライブが開催された。場所は恵比寿ガーデンプレイスのザ・ガーデンホール。会場はスタンディング。このバンド史上、〝もっとも寛《くつろ》いだ〟内容となる。それもそのはず、これは正規のコンサートというより、長いツアーの〝打ち上げ〟として行われたものだからだ。

それはオープニングからして、如実に表れていた。ステージに登場した彼らは、手に缶ビールを持っていた。ライブは、メンバーの乾杯の音頭からスタート。演奏は終始、寛ぎに満ちたものだった。

しかし、なんでも調子に乗りすぎるのはよくない。鈴木はこの日、ふと思いつき、ライブ中に四谷怪談のお岩さんの真似をしてみせた。すると祟《たた》りなのか、次の瞬間、ステージから落下する。幸い、怪我には至らなかったのが救いだ。

普通のバンドが10年で経験することを、僅か数年で経験した感もある4人だが、4月からは完全なオフとなる。彼らはどう過ごしたのだろう。それぞれが旅を満喫した、わけではなかった。休みになったからこそ、Mr.Childrenというバンドの本質が露呈した。バンドを離れても、彼らは仲良しなので、ちょくちょく顔を合わせていたのだ。スタッフも含め、野球やサッカーの試合もした。サッカーに関しては、残念ながら対戦成績は芳《かんば》しくなかったが、野球はそれなりの対戦成績を残す。また、当時メンバーが、よく飲みに行っていた店があり、そこで時々、ばったり出くわしたりもした。

桜井には、休みになったらぜひやりたいことがあった。まだツアー中だった3月中旬、彼はコンピューター・ソフト「プロ・トゥールス」を導入する。それまでの音楽制作は、デジタルが主流になったとはいえ、コンピューターを操る技術者が手助けすることで成り立っていた。しかし、この画期的なソフトの登場で、ミュージシャンがコンピューターをより直感的に使いこなす道が拓けた。

とはいえ、使いこなすためには時間が必要だ。4月からは、さらに本格的に使い始める。プロ・トゥールスは、自分で〝育てていく〟道具でもある。様々な機能をプラグインし、カスタマイズし、使い勝手のいいものにしていった。そしてそれは彼のデモ音源の制作に、革新をもたらすのだ。

生の楽器の音とシンセサイザーのデジタルな音を、手軽に同居させることも可能になる。いったん演奏したものを小節ごとにバラして、自由に移動や複製をすることも容易になった。楽器以外の音をサンプリングし、楽器のように操ることも簡単だ。その片鱗は、外のスタジオで経験し、知ってはいたことだったが、それをとことん、自宅で追求することが出来る。この環境があれば、CDとして製品となるクリアな音質で、様々なやりとりが可能だ。そもそもアイデアさえ浮かべば、何回でも音を重ねられた。

専門的な話が続くようだが、桜井の音楽制作の歴史は、〝何回、音を重ねることが出来るのか?〟という大問題との戦いの歴史でもあった。それは彼の音楽に対する向上心と、正比例していった。

中学校の頃は、ダブル・カセット・デッキを活用し、片方で曲を流し片方に自分の歌と伴奏を録音し、楽しんだ。つまり1+1の〝2トラック〟だ。やがてMr.Childrenの原型も生まれる高校1年生の時に、初めて〝4トラック〟のテープ・デッキを買う。それさえあれば、ぎりぎりバンドの人数分を、それぞれ独立した音として録ることが出来た。そして〝4トラック〟は街の貸しスタジオの機材で〝8トラック〟になり、これなら他の楽器やコーラスも加えられて、さらにプロ・デビューにより、倍の数、その倍の数とトラック数は増えていくのだ。しかし「プロ・トゥールス」の時代になると、もはや無限に音を重ねることも可能となった。

これをきっかけに、他の機材を揃え、本格的な音楽制作のための部屋を設けた。当初は具体的な楽曲制作というより、機材の試運転を兼ねて音作りを楽しんでいたのだが、習熟するにつれ、サンプリングした音の波形を切り貼りし、ループを生み出すなど、実験的なことにもトライし始める。

そんな中で生まれたのが「ニシエヒガシエ」だ。まずは〝♪タツタッ ッタタ〟の付点8分のパターンを基調にし、様々なループを重ねていき、自らの頬を叩いた音もサンプリングして、パーカッションのように加えたりもした。気づけばプリプロ・ルームに籠もる時間が増えていく。しまいに家中が〝スタジオ〟と化す。洋服が下がるクローゼットは吸音が優れているので、あえてそこで歌ったり、ギターを弾いたりもした。

ループを活用した音楽といえば、海の向こうアメリカでは、メジャーなものとして持て囃された時期でもある。この前年、音楽の未来を示したといわれたベックの『オディレイ』が大ヒットしていた。サンプリングを巧みに使用した、ジャンルを超えたサウンドだった。そんな音楽シーンの潮流のなかで、桜井も同じ空気を吸っていた。これは偶然だろうが、ベックと桜井は、同じ1970年生まれだ。

新たな環境から生まれた「ニシエヒガシエ」だったが、その音源がメンバーに渡ったのは、実は活動休止直前のフォト・セッションの時だ。いったいなぜ、このタイミングを選んだのか？　理由はこうだ。

「休みに入る前だからこそ、他のメンバーを挑発しておきたかった」（桜井）

4人の従来の音楽性からはかけ離れた作品だったので、これはまさに他の3人への挑発にふさわしかった。この作品には生のドラムも加えられ、1998年2月11日にリリースされている。バンド活動休止のさなかであり、この楽曲を引っ提げ、ファンの前に現れることはなかった。あくまで「ニシエヒガシエ」は、「こんな曲がラジオから流れてきたらカッコいいだろう」という発想のもとに作られ、実際にラジオでは、頻繁にオンエアされたのだ。

実は当初、中途半端な活動再開と受け取られないため、別のアーティスト名でのリリースも検討した。このシングルのジャケットやミュージック・ビデオの内容が、本人たちと直接結びつかないビジュアルなのは、その計画の名残りでもある。

活動休止中とはいえ、中川と鈴木は多忙だった。the pillowsの山中さわお、当時MY LITTLE LOVERのメンバーだった藤井謙二とともに、バンド「林英男」を結成したのだ。オリジナルも作り、ライブハウスで活動もした。

普段、二人はすくなくともMr.Childrenには〝建設的〟な態度で取り組んでいたが、このバンドの場合は逆だった。結成した瞬間から、バンドの〝解体〟を目指していたのである。ステージも、決め事を最小限にとどめ、リラックスした態度で臨もうと思っていた。そのステージを、桜井が観に来た。終演後、特に中川に対して、「Mr.Childrenの時より、楽しそうに演奏してたじゃない」と感想を述べた。

それに対して中川は、この言葉をこう解釈する。自分たちのバンドの時は、メンバー同士が目を合わさずとも阿吽《あうん》の呼吸で音が合うのだが、「林英男」はそうもいかず、目を合わせつつ、間合いを計ることが必要だった。目が合えば微笑んだりもするわけで、「だから桜井には、楽しそうに見えたんじゃないだろうか」(中川)。

ちなみに「林英男」というのは、正式なデビューを目論んで、とりあえず考えた仮のバンド名である。その後、いよいよバンド名が「セックス・インストラクター」に決まったが、時すでに遅し。もはや予定されたライブは、余すところ一回のみだったのだ。

1998年のことで、もうひとつ書いておくべきことがある。レディオヘッドの来日だ。名作『OKコンピューター』をひっさげ、彼らが全国ツアーを行ったのが1月のこと。田原と鈴木は、一緒に観に行って大きな衝撃を受ける。ギター中心で音数は欲張らず、それなのに存在感バッグンの音作りに圧倒されたのだ。今後のMr.Childrenが参考にすべきものも感じ取っている。

曲作りはその後も順調であったが、ソングライターとしての桜井は、より自然体になっていった。

「そもそも頭で考えたものは、あとから聴いてみると、ロクなものじゃないことが多かった」（桜井）

テクノロジーが進化を遂げたことで、〝発想する〟という人間的な作業に関しては、より解放されることにもなる。成果があれば、3人に聴かせた。勿体つけず、日常の触れ合いのなかで聴いてもらっていた。例えば桜井の車に鈴木が同乗したとしよう。「あ、ちょっとこれ、聴いてみて……」。そんな具合にだ。やがて3人の胸はざわつく。そりゃそうだ。これだけ未発表作品がたまっているなら、早くバンドとして形にしたい。

「しまいには、なぜだか〝焦り〟にも似た感情が芽生えていた」（鈴木）

この時期の桜井は、サーフィンに凝っていた。波乗りを、曲作りに例えることもあった。そもそも、同じ波は二度と無くて、しかも波は、けして人間の力で加工できるものでもない。だから身を任す。小さい波には小さい波の乗り方があり、大きな波には大きな波の乗り方がある。

「またひとつ、新しい音楽が自分のなかにやってくるのも、まさに同じ感覚だと思った」（桜井）

そんな折に、彼のもとへ押し寄せた、ちょっと大きな波、それが「終わりなき旅」だったのである。

だが波は、最初から大きなうねりを伴ったわけではない。それは『深海』や『BOLERO』を作っていた頃のこと。彼は成果をあげつつも、「漠然とした閉塞感を抱えていた」という。とはいえそこから抜け出てやろう、ではなく、どこかでその想いを手なずけつつ、日々を過ごしていた。

それがいつしか、大きなものとして押し寄せ、この曲へと結実することとなる。まずメロディが浮かぶ。しばらく寝かせておくことはせず、すぐにベーシックな歌詞を書いた。曲が出来たらすぐ歌詞に着手するようになったのは、この頃からである。ただあくまで、それはベーシックなものだった。しかし、そこから苦心する。

「書けなくなった。書けなくて、書けなくて、しまいに夢のなかでも歌詞のことを考えていた。以前はこの歌を、〝眠っている間に書いた〟と説明したこともあったけど、正確に言うならば、あまりにも書けなくなり、〝つい夢のなかでも書いてしまっていた〟というのが正しいのだと思う」（桜井）

ギター・バンドとしてのシンプルかつ力強いアンサンブルという点では、原点に返るかのようでもあった。しかし、イントロからして、これまでにも増して高潔な佇まいが感じられた。彼らの気合や信念も届いてきた。そしてやはり、この曲の場合、バンドとして取り組むべき重要なポイントはギターのようだった。

「桜井と田原が弾く音が、共存するというか、でも、たとえ共存しなくても、桜井の主張、田原の主張を、思う存分に出して欲しかった」（中川）

そう話す中川も、そして鈴木も、自らの全力を響かせつつ、4人が自然な化合を果たすのが、この曲なのである。さらに「終わりなき旅」は、演奏するたびに別の化学反応を呼び込んでいくところもあった。なによりそれは、その後のライブにおいて、何度も何度も証明されることとなる。

「終わりなき旅」は、シンプルで力強く、それでいて聴き飽きない巧みな工夫が施されている。いっけんモノトーンに思えるサウンドなのだが、耳を近づければカラフルに輝くところがある。その対比があって、何度聴いても飽きない作品となったのだ。これは、制作過程における、桜井と小林の真剣なやりとりの中から生まれたものである。

この曲がモノトーンのようでいてカラフルなのは、転調を巧みに取り入れているからだ。読んで字のごとく、曲の途中で〝調《キー》〟を変えるのが転調である。そのことにより、曲の空気感が変化する。

例えば今、道を歩いていたのなら、歩いているのは同じ道なのに、途中で辺りの景色を一変させる効果が得られる。それが歌詞の変化も伴い相乗効果を生めば、作品の魅力も倍増する。ただ、それは曲を作りながら盛り込まれていったアイデアのようなのだ。

「いま、みなさんが知っている〝終わりなき旅〟は、確かにそういうものだけど、最初に僕が作った時には、特にそこにはこだわっていなかった」(桜井)

これは、小林のアドバイスにより行われたものだった。

「最初のデモは、サビでいきなり高いところへ向かっていく構成になっていた。自分としては、少しバランスが悪いかなと感じた。試しに3度下の転調にしてみて、〝いきなり高く歌わないのはどうだろう?〟と提案した。すると桜井が、〝それで行けるかもしれないです〟と言ってくれて。まずはそこから発想し、彼とともに全体を考えていった」(小林)

このアイデアは、曲全体に様々に波及していく。

「終わりなき旅」のそもそものキーは、F♯である。しかし、イントロが終わり歌が始まった途端、早くもEに転調する。そのことで、どんな効果があるのか? その時、我々の耳に届くのは[息を切らしてさ]という歌詞だ。転調が効いて、まさに歌の主人公の心肺が、そのような状態であるかのように伝わってくる。ここでいきなり心を鷲摑みにされる。

小林が言うところのサビの転調は、歌詞でいえば[閉ざされたドアの向こうに]という箇所である。ここのキーはC。明るく開けたイメージになり、前向きな歌詞内容を引き立てる。さらに、サビといえども一気に駆け上がる雰囲気ではなく、なだらかだ。つまり、サビではあるが曲のピーク感が押し寄せるのではない。この先も、じっくり旅を続けていこう、という気分にさせるのだ。この転調により、そのままスムーズにツー・コーラス目のAメロに繋がるようにもなっている。

その後の［時代は混乱し続け　その代償を探す］のCメロに相当する部分は、キーがCmへと転調している。この部分は急激な変化とも言えて、我々の耳は、戸惑いを覚えたりもする。しかし聴こえてくる歌詞は［時代は混乱し続け］であり、ここでも歌詞とサウンドの相乗効果は高い。さらに小林は言う。

「そして2番のサビが終わったあとの間奏でも転調があって、ここでいったんネジレる。ネジレてさらに、最後のサビでも二回の転調があって、このクライマックスに向け、どんどん上って絶叫していけるという構造になっている。でも、それが可能になったのは、最初にサビを3度下げて考え始めたからだった」（小林）

最後のサビの［閉ざされたドアの向こうに］は、それまでサビといえばキーがCだったのに、ここで転調されDに上がっている。そのことで、〝閉ざされたドア〟のさらにその先に、もうひとつのドアが存在するかのように伝わるのだ。そのあとのサビの後半の［胸に抱え込んだ迷いが］では、さらなる転調でEへと上がる。ここは非常に重要で、胸を締めつけられるほどリアルに訴えかけてくる。

生きていれば、誰もが胸の中に〝迷い〟を抱え込む。そして〝迷い〟は、いったん解消されても、どこかから再び湧いてくる。でもこの言葉が最後にこのEというキーで気高く歌われることで、我々はこの作品から、大きな勇気を授かるのだ。

これらの巧みな構成は、レコーディングの直前に考案されたものであり、ギターを弾く田原は、スタジオで混乱する場面もあったという。でも、周到に準備をするというより、「曲に導かれるまま弾いたお蔭で、力の抜けた自由な演奏になった」（田原）。

力の抜け加減ということでは、桜井のボーカルもそうだろう。実はこの曲のボーカルのOKテイクは、あくまで仮歌のつもりで自宅で録音してみたものだった。

「もしこれがスタジオでスタッフの前で歌ったのなら、期待に応えようとして余分な力が入っていたかもしれない」（桜井）

とりあえず歌ってみたものが、かけがえのないこの歌の〝正解〟を導いたのだ。

「終わりなき旅」は、多くのアスリート達が支持する作品でもある。歌詞には印象的なフレーズが多い。［高ければ高い壁の方が］［限界だなんて認めちゃいないさ］。まさにこれらは、特に彼らに強く響く言葉なのだろう。

一カ所、敢えて桜井が、ティーンエイジャーのことを想い、書き記したフレーズがあった。［誰の真似もすんな］、である。学校教育は、一定のカリキュラムに沿って行われ、それは結果として、人間を型にはめることにもなる。でも若者は、そこからはみ出てみたくもなる。捌《は》け口は必要なのだ。例えば渋谷の街には、夜な夜な若者が集まり、たむろする場所があった。

「そこにいる彼らに対して、掛けてあげられる言葉はないものだろうか？　この言葉が浮かんだのは、そんな想いもあってのことだった」（桜井）

［生きる為のレシピなんてない］というのも、同じ想いから出てきたものだ。

同時にこの歌は、再始動したメンバーが、自分たちに言い聞かせる内容とも受け取れる。

「扉の向こうにいったい何があるのか。それはまだ分からない。でもこの曲を演奏していると、〝きっと何かがあるだろう〟と期待してた子供の頃に還って、前向きかつ健全な気持ちになれた」（田原）

この歌に出てくる〝扉〟というのは、あくまで内なるものだろう。開け放つのも閉じたままにするのも、自分次第ということだ。これこそが、この歌の最大のメッセージだ。そして彼らが、聴いてくれるみんなはもちろん、自分たち自身に伝えたかったことでもあったのだ。

1999～2000
口笛

口笛

頼り無く二つ並んだ不揃いの影が　北風に揺れながら延びてゆく
凸凹のまま膨らんだ君への想いは　この胸のほころびから顔を出した

口笛を遠く　永遠《とわ》に祈る様に遠く　響かせるよ
言葉より確かなものに　ほら　届きそうな気がしてんだ

さあ　手を繋いで　僕らの現在《いま》が途切れない様に
その香り　その身体　その全てで僕は生き返る
夢を摘むんで帰る畦道　立ち止まったまま
そしてどんな場面も二人なら笑えますように

無造作にさげた鞄にタネが詰まっていて　手品の様　ひねた僕を笑わせるよ
形あるものは次第に姿を消すけれど　君がくれた　この温もりは消せないさ

いつもは素通りしてたベンチに座り　見渡せば

よどんだ街の景色さえ　ごらん　愛しさに満ちてる
ああ　雨上がりの遠くの空に虹が架かったなら
戸惑いや　不安など　簡単に吹き飛ばせそうなのに
乾いた風に口笛は　澄み渡ってゆく
まるで世界中を優しく包み込むように

子供の頃に
夢中で探してたものが
ほら　今　目の前で手を広げている
恐がらないで踏み出しておいで

さあ　手を繋いで　僕らの現在《いま》が途切れない様に
その香り　その身体　その全てで僕は生き返る
夢を摘むんで帰る畦道　立ち止まったまま
そしてどんな場面も二人で笑いながら
優しく響くあの口笛のように

2000年をひかえ、Mr.Childrenは自由度を増していく。そもそも1999年2月リリースの7枚目のアルバム『DISCOVERY』は、決め事なしで作り始めたアルバムだった。これまでも、束縛のない活動を目指しては来たものの、「そもそも〝自由〟を目指すということ自体、何かの〝決め事〟のように思えてきた」(桜井)。

まるで、総ての認識を疑ってみせた哲学者デカルトのような態度であり、そのなかで赴くままに〝発見〟されていったのが、このアルバムに並ぶ楽曲たちだった。通常のポップソングより演奏時間が長いものが多いが、これは〝表現したい〟という気持ちを優先した結果だった。

平均で5分ほどの楽曲が並ぶが、「終わりなき旅」が7分、「光の射す方へ」も7分に及ばんとする長さであり、「I'll be」に至っては、9分もある。そしてこの曲は、『DISCOVERY』の自由さを象徴する。一時はシングル候補として録音されたものだったが、同時に様々なバージョンが試され、煮詰まりも感じつつあったとき、桜井はある行動に出た。今までのものから大胆にテンポを落とし、スタジオで弾き語りを始めたのである。そこに田原のギターが即興でついてきた。「これはいけるのではないか……」となり、小林の生ピアノを含め、一発録りで完成させたのだ。その後、よりアップテンポでコンパクトにまとまったものが「I'LL BE」としてシングル・リリースされ、正式な録音が2パターン存在する特殊な例となった。

やがてアルバムを引っ提げたツアーが始まるが、ツアー中の桜井は、反抗期でもあった。何に対しての反抗か？ Mr.Childrenというバンドに対してである。

「なぜボーカリストだけ不公平なんだ？ そのうち、〝僕はこのバンドに雇われているんだ〟みたいに、他の3人と自分を切り離して考えるようになった」（桜井）

穏やかじゃないが、つまりはこういうことだ。ボーカリストは喉が命である。ギターやベースやドラムなら、楽器のダメージは弦なりヘッドなりを張り替えて補える。しかし喉にスペアはないのである。ツアーで公演が続くと、桜井だけはライブ後、発散もできず、ホテルの部屋での節制を強いられることになる。そりゃ不公平、というわけだ。

反抗期ゆえの態度として、彼はいったん、バンドに対する責任感を放棄する。もちろん、表現者としての自分まで放棄したわけじゃない。でも、考え方を変えてみたことで、「表現の新たなフリー・スペースをもらえた気分になった」（桜井）。

その気分から生まれたのが、「つよがり」という作品であり、「安らげる場所」だった。これらの新曲は、大袈裟に言うなら、〝架空・桜井和寿ソロアルバム・プロジェクト〟から生まれた。あくまで、ひとりのシンガーとして歌うことを思い描いたのだ。それに伴い、バンド・アンサンブルは考えず、これらはピアノを中心にして、小林に頼もうとしていた。こう書くと、彼らの間に感情的なしこりが残ったと勘違いされそうだが、言うまでもなく、主に音楽の制作面において出た反抗的な症状であり、それが巡り巡って、バンドのためにもなる。だからこそ、今もMr.Childrenというバンドは続いているのだ。

その後、4人は11月から約3週間の日程でニューヨークへ旅立つ。実は彼らの周辺で、ちょっとした変化が起こっていた。『Versus』や『深海』で使用したニュージャージーの「ウォーターフロント・スタジオ」が閉鎖されたのだ。そして、あのスタジオのビンテージ機材を譲り受け、新たにMr.Childrenの所属事務所が運営する「OORONG STUDIO NY」が誕生するのである。

そこならば、心置きなく音楽制作ができるだろう。基本、レコーディングは東京で行われたが、さらにニューヨークに、自分たちの家のような場所もできた。その効果はテキメンであり、この3週間の滞在は、多くの作品を生むことになる。それは次のアルバム、『Q』へと繋がった。どんどん曲が生まれたことを、桜井は、〝名曲グッピーちゃん状態〟と表現していた。グッピーとは、繁殖力旺盛な可愛い熱帯魚のこと。

さらにいったんはバンドと切り離して書いたはずの「つよがり」と「安らげる場所」を、頃合いを見計らい、「こんな曲もあるんだけど」とメンバーに聴かせるのだ。〝架空・桜井和寿ソロアルバム・プロジェクト〟は、その名の通り、架空のまま終わる。そして桜井のバンドに対する反抗期も終わる。そもそもこれは、ツアーだからこそ芽生えがちの感情だったのである。

ニューヨークでの様子は、スペースシャワーのドキュメンタリー番組として放送されている。その番組のなかで完成していたのが「Hallelujah」という新曲だ。しかし年を越すと、「このままじゃ、少しこの曲、弱くないか?」という意見も出され、録り直される。

当初は次のアルバムのタイトルソング候補でもあったのだが、その後、この楽曲は幾多の運命を辿り、完成されることとなる。もともとは、1999年5月に発売されたシングル「I'LL BE」のカップリングとして発表されるはずだった。その時は、次のアルバムまで取っておくことになる。結局それが2年越しの作業となり、その間、ほぼ完成をみたバージョンが5つも存在した。これは異例中の異例だ。

なぜ、ひとつの楽曲に5つものバージョンが誕生したのだろうか。彼らには、有り余るほどの時間があったからだ。次のアルバムを出す期日とか、そうしたシバリは一切なかった。所属レコード会社などの理解がなければ成立しないことだが、彼らが勝ち取ったのはそんな境遇だった。

「Hallelujah」は、田原のギターが大きく発展した作品でもある。彼はこの曲のトラックをずっとスタジオに流し、新たに必要とされる音を探した。いや、探したというよりも、それが自然に〝聴こえてくる〟のを待ったのだ。その結果、「いいツボで反応して、あいつの解釈が光っている」（鈴木）ものになった。

「ともかく長い時間をかけてやってたものなので、様々な時期の自分のギターの音が入ってる。考える時間も多かった。なので、〝ここはカッコつけよう〟みたいな邪悪な欲求も排してやれたと思う」（田原）

期日も決めずに作り始めたアルバムは、いったいどんなものになるのだろう？　正直なところ、誰にも分からなかった。前作だったなら、〝DISCOVERY〟のひとことが、4人の想いを束ねていった。今回は、回り道と思えることこそを率先してやった部分もあった。「この時期は、気づけばバンド全員が、〝実りのある無駄〟へと向かっていた気がする」（鈴木）

具体的に、それはどういう無駄だったのだろうか。そのひとつが、スタジオでのダーツ投げだ。その得点で、曲のテンポを決めていた。前代未聞の試みだ。さらに、あみだくじでコード進行を決めた曲すらあった。

60年代のポップ・アート華やかなりし頃に、〝ハプニング〟と呼ばれるパフォーマンスが流行した。例えばトランプをばらまいて、体を床に一回転させ、たまたま手が届いた札を、自分と運命づけたりする行為が〝ハプニング〟である。意図を持たず、それを尊び、成果とした。Mr.Childrenは、それに近いことをやった。しかも、一番大事な曲作りにおいて。「ミスチルはダーツで曲のテンポを決めているらしいぞ……」。のちのち、これは音楽業界で噂になる。だが、そんなことは可能なのだろうか。

楽曲のテンポを表すためのＢＰＭという数値がある。ビート・パー・ミニットの略で、1分間を幾つのビートで刻むかを示す。数値が大きいほどテンポも早くなる。例えば時報のピッ、ピッは1秒間隔だ。1分間で60回となる。なのでＢＰＭ換算では60に相当する。つまり、その数値をダーツの得点で決めていたのだ。

彼らが採用したのはCOUNT-UPと呼ばれる初心者でも楽しめるルールだった。いま、誰かが投げて１５８点だったとしよう。すると、その数値をメトロノームに入れる。実はこのアイデアは、４人がダーツの初心者だから成立した。もし彼らが上級者で、毎回５００点も６００点も出していたら、曲のテンポとして現実的ではなかったからである。

仮に１５８点だったとしよう。その速さのＢＰＭのクリックを流し、それを鈴木が聴きながら、ドラムを叩く。ひとつのパターンが決まったら、コンピューターでループにして、スタジオに延々流しつつ、他のみんなは楽器を持ち、1時間でも2時間でも、思いつくままフレーズを弾いていく。時に誰かが不協和音を奏でたら、それにもみんなで反応し、いったんスタジオは不協和音の嵐と化す。これでは生産的な行為からはほど遠い。４人は不安になり、その反動で、〝何かしらまとめて、多くのみんなを説得しなきゃ〟という想いに駆られる。

そうした自由な雰囲気のなか、バンド・アンサンブルを考えつつ最初に決めるのは大まかな構成であり、そのあと桜井が、歌詞のない状態でメロディを歌いだす。もし初日にそこまで行けたなら、2日目はさらに進めて、具体的な言葉で歌詞を書き始めるのだ。

そうやって出来上がったのが、「その向こうへ行こう」や「CENTER OF UNIVERSE」、「Everything is made from a dream」だった。

「そのひらめきを、どう受け止めて返すかという、つまり自由なセッションで作っていく手応えは、〝CENTER OF UNIVERSE〟の時、一番感じたと思う」（中川）

その後、歌詞の世界観がまとまれば、曲の体裁はほぼ整う。

ただ、何かが具体的になれば、そぐわない部分が出てくる。例えば「その向こうへ行こう」の場合、ある時点までは、レッド・ツェッペリンを彷彿《ほうふつ》させる演奏スタイルだった。しかしこれでは、桜井が思い浮かべた歌詞に合わないことが判明する。その歌詞は、まさに〝その向こう〟へと手を伸ばそうとしていたのだ。現状のアンサンブルは、完成されてはいるものの、視野の狭いものに思えてしまった。そこで4人は、「もっと〝得体の知れないパワー〟が地面から沸き立つようなものにしよう」（鈴木）と話し合う。それをとことんやったお蔭で、この曲は次のアルバムのキーとなる楽曲へと育っていく。

やがて暦は2000年、新たなミレニアムを迎えようとしていた。世間では「2000年問題」が取り沙汰された。コンピューターの西暦は下2桁で管理されていたため、2000年は1900年と認識され、様々な場所で誤作動が起き、世界中が大混乱になる可能性があると言われていた。桜井は、もしガスや電気が止まったら大変だと思い、それに備えて新たな暖房器具なども買い、そして大晦日、眠りに就く。

目覚めると、夢の中で、ある楽曲を授かっていた。それはやがて、「ロードムービー」という作品になる。新年早々、初夢ならぬ〝初楽曲〟を授かったのだ。なのでこの年の元旦は、気分が違っていた。もちろんこの体験は、彼に勇気を与えた。新たなミレニアムの幕開けに、音楽の神様から、素敵な曲を授かることが出来たのだ。

「これからも音楽を作り続けていいんだよ。そう言ってもらえた気分だった」(桜井)

授かりものの「ロードムービー」は、シングルカットこそされなかったが、その後、Mr.Childrenの隠れた人気曲として多くの支持を得ることとなる。桜井自身、その後のライブのMCで、「もっとも愛着ある作品のひとつ」として挙げている。

楽曲には、練りに練って完成させるものがある一方、トントン拍子に出来てしまうものもある。「ロードムービー」は、どちらかというと後者だ。イントロの弾むようなリフが響けば、終始、その繰り返しが曲のムードを支えていく。ただそれだけで過不足ない。

この作品の出来ばえは、初セッションの際のスタジオの雰囲気が、そのまま反映された結果なのかもしれない。場所はニューヨークの「OORONG STUDIO NY」。実はそこで、熱心に取り組んでいたのは別の曲であり、でもそのまま続けても進展しそうになかったので、「今日はそろそろ終わりにしよう」と話し合っていた。機材を片づけ始めたスタッフもいた。でもその時、「ちょっとこの曲もやってみようか」と、おもむろに提案したのが「ロードムービー」だったのだ。そろそろ帰り支度の雰囲気だったので、みんな無心で音を合わせた。

「とりあえず今日のうちに、形にだけはしておこうか、みたいな雰囲気だった。でもこの曲の場合は、その〝とりあえず〟が良かったのかもしれない」(田原)

アルバムに先駆け、2000年1月にリリースされたのが「口笛」である。レコーディングが行われたのが1999年の7月後半。歌詞の舞台は冬だ。

タイトルにもあるように、歌の重要な要素となるのはまさに〝口笛〟だが、さらに正確に書くなら〝ふと口笛を吹いてしまいそうな心模様〟こそが、この歌のテーマといえる。

「ふと口笛を吹く瞬間というのは、曲を書く上で頭にあったことだった。ただこれは、歌を口ずさんだり、もし僕だったなら、歌が出来てしまう瞬間にも似てる。それは自分のなかの〝嬉しさ〟なり〝切なさ〟が、無意識に表に出た瞬間かもしれない」(桜井)

[言葉より確かなもの]が、歌という形になり、いまにも[届きそう]。初めて聴いた時から、懐かしさを覚えるのだ。この歌を聴いて、多くの人はそう思ったことだろう。懐かしさ。それは前を向いていくことを拒む感情のようだが、時には背中を押してくれるものでもある。

「たまたま前回のツアーのとき、初期の曲や昔のビデオをみんなで観てたりした。すると、思ったより昔の自分たちは、イケてると思った。それは今のタイミングに、むしろ新しいものにも思えた。振り返れば、その時に感じたものの再現こそが、〝口笛〟の出発点だったかもしれない」(鈴木)

こんな話もある。ある時、桜井がバーテンダー役を買って出て、プライベートなパーティーでみんなにお酒を振る舞うことになった。そこにはお酒が好きな人もいたが、あまり飲めない人もいた。

「でも、あまり飲めない人にもパーティーを楽しんでもらおうと思って、甘い口当たりの酔わないものを作ってあげた。で、ふとその時、〝これを音楽に置き換えたらどうなんだろう?〟と考えた」(桜井)

この曲には、ロック的な衝動は求めなかった。歌モノとしての完成度を目指し、小林の協力を仰ぎ、「歌の背景やフレームも含め、それはお任せした」(桜井)。

そもそもこの曲は、冒頭の人間味溢れるシンセの音からして〝イントロの魔術師〟とも言われる小林ならではの感動が押し寄せる。音楽において、もっとも表現が難しい〝中間色〟が、見事にあしらわれたアレンジでもある。

桜井には、Mr.Childrenの奏でるサウンドはクレヨン画に近いという認識があった。そこには勢いがある。しかしこの歌では、水彩画のような微妙なコントラストが欲しかったのだ。最終的には水彩画にクレヨン画が同居した音像が出来上がった。

「ただ淡くて甘い色調だけのものだったなら、おそらく僕らは、やらなかった」（田原）

MVの撮影は、ニューヨークで行われた。時期は1999年11月。その際、桜井はブリーチ剤の激痛に耐え、髪をグレー寄りの金髪に染めている。当時の桜井の佇まいに関して、貴重な証言がある。

「桜井が、バンドに対して反抗期、という話もあったようだけど、実際にはプロデューサーである、僕に対しての反抗だったんじゃないかと思う。でも、確かにこの頃は、僕のアドバイスなどまったく聞かなかった。プロデューサーの立場としては、実に困りものだった。でも人間として、あの当時の桜井は最高にカッコよかった。まるでかつての、ジェームズ・ディーンのようでもあった」（小林）

そのMVのなかの桜井は、タートルのニットに他のメンバーより大人っぽいコートを羽織り、表情は終始、引き締まったままだった。比較的フォーマルな装いゆえ、余計に髪の色が目立って見えた。まず撮影が行われたのは、イースト・リバーの中州ともいえるルーズベルト・アイランドの廃校で、丹修一のディレクションのもと、カメラをクレーンで移動させての本格的なものとなる。メンバーが踏みしめる砕けたタイルなどは、廃校ならではの雰囲気が活かされた。メンバーひとりずつの撮影は進み、鈴木がドラムを叩くシーン、鏡を見つめるシーンを最後に終了する。

もともと「口笛」は、空気が澄んだ秋から冬の季節ならではの音の伝わり方が、歌の世界観の重要なファクターだが、極寒のニューヨーク・ロケで、まさに映像のなかにもその音色が鳴り響くこととなった。

2日目は街中の路地裏がロケ先だ。ニューヨークの街は、よく映画の舞台となるが、申請すれば市が全面協力してくれる。Mr.Childrenの撮影は、キャナル・ストリートの古いビルが立ち並ぶ路地で行われた。うら寂しい、ギャング映画に出てきそうな場所だ。しかも撮影は日が暮れてからである。治安がよくなったとはいえ、ここはニューヨーク。そこへ、何人かの警官が姿を見せた。すわ、事件かと思いきや、ポリス達が往来を封鎖し、撮影に協力してくれていたのだ。

アルバム『Q』がリリースされたのは2000年の9月である。このときのビジュアルは、メンバーが潜水士になったものだった。『深海』からの脱出。そんな読み解き方もできた。しかしこのアルバムほど、最後まで〝目指すコンセプト〟が存在しなかった作品集も珍しい。２枚組はどうだろう？　当初はそんなアイデアもあった。ただ、最初から物量だけ決めたわけでもなく、「ともかく何も決めてなくて、もしそれだけの曲数、満足いく作品ができたなら結果的に〝そういうのもアリだろう〟くらいのことだった」（桜井）。

アルバム・タイトルも、直前まで候補がいくつか存在し、結局、様々な意味に受け取れるものに落ち着く。とはいえ、なぜ『Q』などという、単純な記号のようなタイトルになったのだろうか。

レコーディング中のスタジオには、出来上がった収録候補曲を短冊に記し、曲順など考える際、動かせるよう仮止めした台紙が張り出されていた。そして、その台紙の一番上には、〝Mr.Children 9th album〟と書かれていた。彼らにとって９枚目の作品なので、とりあえず、そう書いていたわけだ。

「それではちょっと、そっけないなと思った。なのでこの〝9〟の数字にレタリングを施し、アルファベットの〝Q〟に近い感じにしてみた」（桜井）

実はこれこそが、タイトルの由来である。意味はあとから生まれていった。例えばそれは、彼らが感じた、何度経験しても近道などない、音楽制作における永遠のクエスチョン（question）でもあったろう。でもそれぞれのクオリティ（quality）に関しては、自信をもって送り出したのが『Q』だった。

コンセプトの存在しないアルバムではあるが、曲を並べてみると、オープニングとエンディングには関係性が感じられた。

「最後の〝安らげる場所〟は、桜井の個人的な歌かもしれないけど、1曲目の〝CENTER OF UNIVERSE〟とは、対になっている気がした。心ひとつで人間は、どこにいようとそこを〝中心〟と思えるし、このふたつの曲は、心の在り方としては、同じなんじゃないかって」(田原)

『DISCOVERY』と『Q』の2作は、彼らが本能のまま制作した作品集だ。それゆえ保護膜の薄いヒリヒリしたバンドの佇まいが伝わってきた。とはいえリスタートの使命を背負った前者の闇雲さは後者で腰の据わったものへと進展している。ただ、全体として等身大の4人を強く感じさせる時期であるのは確かだろう。

このあと彼らはベスト・アルバムを挟み、新たな時期へと突入する。等身大、というより、作品にこそ身を捧げるようになる。その後のライブで重要な役割を果たす「CENTER OF UNIVERSE」を、この頃に授かったのも大きかった。この作品は、4人にとって〝ヘソ〟のようなもの。いつでもここから始められるものとして、磁石のようにも機能していく。

2001～2003
HERO

HERO

例えば誰か一人の命と
引き換えに世界を救えるとして
僕は誰かが名乗り出るのを待っているだけの男だ

愛すべきたくさんの人たちが
僕を臆病者に変えてしまったんだ

小さい頃に身振り手振りを
真似てみせた
憧れになろうだなんて
大それた気持ちはない
でもヒーローになりたい
ただ一人　君にとっての
つまずいたり　転んだりするようなら
そっと手を差し伸べるよ

駄目な映画を盛り上げるために
簡単に命が捨てられていく
違う　僕らが見ていたいのは
希望に満ちた光だ

僕の手を握る少し小さな手
すっと胸の淀みを溶かしていくんだ

人生をフルコースで深く味わうための
幾つものスパイスが誰もに用意されていて
時には苦かったり
渋く思うこともあるだろう
そして最後のデザートを笑って食べる
君の側に僕は居たい

残酷に過ぎる時間の中で
きっと十分に僕も大人になったんだ
悲しくはない　切なさもない

ただこうして繰り返されてきたことが
そうこうして繰り返していくことが
嬉しい　愛しい

ずっとヒーローでありたい
ただ一人　君にとっての
ちっとも謎めいてないし
今更もう秘密はない
でもヒーローになりたい
ただ一人　君にとっての
つまずいたり　転んだりするようなら
そっと手を差し伸べるよ

2001 - 2003 「HERO」

彼らが初のベスト・アルバム『Mr.Children 1992 - 1995』『Mr.Children 1996 - 2000』(通称『肉』『骨』)を出したのは2001年の7月だ。1992年にデビューをした彼らが、もし区切りを意識するなら、翌年が10周年だった。なぜこの時だったのか。

『Q』のツアーを回って感じたのは、客層の変化だった。中学生から子供連れのお母さんまで、幅広い人達が観に来てくれた。それらの人達には、それぞれ僕らとの出会いのアルバムがある。それをここらでひとつの〝Mr.Children像〟にまとめることは出来ないか。だったらベストを出すのがいいだろうと考えた」(桜井)

アーティストのなかには、ベストに頼らず新作を出し続けることこそが〝ベスト〟と思う人達も多い。

「でも、そういうこだわりも、実はくだらないことじゃないかと思い始めた時期でもあった」(田原)

実は、彼らはいったん立ち止まったようで、動き始めていた。

「ベストの準備をしている時、〝これは凄くいい曲だ!〟と思える新曲が出来た」(桜井)

ある意味、この曲で未来を示すことが出来たからこそのベストでもあった。

「とはいえ、曲を書いた自分は満足でも、それが本当にいい曲なのか、実のところは分からなかった。ともかくメンバーに聴かせるしかなかった」（桜井）

てっとり早く聴いてもらえそうだったのは鈴木だ。メンバーのなかで、早い時期からインターネットに熱心だったのが彼だった。桜井はメールに「優しい歌」を含む2曲の音源を添付する。「すぐに聴いてくれ」。そんなメッセージとともに。しかし、返事がきたのは2日後である。少しヤキモキした。

たまたま鈴木は地方で用事があり、聴くのが1日遅くなった。

「桜井が送ってきた2曲、特に〝優しい歌〟は、僕らがデビューする前にライブハウスでやっていた曲にも似ていて、逆にそれが新鮮だった」（鈴木）

曲から受けた印象を、鈴木は素直にメールに綴った。「すごく新鮮な曲だった」。そして彼は、文章をこう締めくくったのである。「僕らは生涯、現役でいましょう！」。それを読んだ時、桜井は〝まてよ〟と思う。Mr.Children が生涯現役でいられるかどうか。「それはJENにかかっているんだ！」。パソコンの画面に、ふと呟くのだった。

２００１年8月に世に送り出され、鈴木の表現を借りるなら、〝二度目のデビュー曲〟と位置づけられそうな「優しい歌」だが、まず桜井の頭にあったのは、どうすれば今後も、束縛なく、しかも着実に、バンドの歩みを続けていけるのか？　ということだった。そのとき、バンドの来し方を振り返ってみた。
『深海』のニューヨーク「ウォーターフロント・スタジオ」でのアナログ・サウンドの後、自分たちのプライベートなレコーディング環境で制作したのが『DISCOVERY』であり、このアルバムは、まさに等身大の自分たちを、外からの刺激ではなく、自前の制作環境のなかで表現できた。それを経て、再び「ウォーターフロント・スタジオ」の意思も受け継ぐ「OORONG STUDIO NY」を活用したのが『Q』だ。ただ、ここまでの流れからは、いったん離れようとしたのである。

ここまでとは、即ちアナログに特化した骨太のサウンドだ。この方法論は正しかった。それぞれの楽器が存在感を増し、４人だけでも成立する音楽環境が叶った。そう、純粋なバンド・サウンドで勝負できるのだ。この流れのまま、地歩を固めていくことも不可能ではなかった。しかし、彼らはあくまで、「バンド主義」というより「作品主義」である。新たに生まれた楽曲に対して、最良のアレンジやサウンドをあてがうことを、常に使命と感じていた。この時、優先事項と考えたのは、さらなるバンド・カラーの確立ではなく、「優しい歌」という生まれたての子供を、どう立派に成人させるかなのだ。

この曲は、80年代初頭の日本のバンド・シーンを思わせる雰囲気を持っていた。あの頃は〝縦ノリ・ビート〟が全盛だった。ビートだけでなく、ついでに髪を整髪料で立てたミュージシャンも多かった。だが、それをそのまま再現させたのが「優しい歌」というわけではない。そもそもイントロからして、柔らかなアコーディオンが聴こえる。当初はストリングスを重視したアレンジだったのだが、「聴いてくれる人達が身近に感じてくれる、人間味あるものにしたかった」（桜井）ためである。

実は〝二度目のデビュー曲〟であることの意味は、べつのところにある。改めて「歌にできること」を考察し、背伸びせずに歌いかけているからこそ、そう言えるのだ。

「［魂の歌］や［優しい歌］のあとに並ぶ言葉こそ、この歌で伝えたいことのすべてだった」（桜井）

改めて、歌の効用を確認するかのような歌詞だ。つまり歌は、［誰かの為］に歌い掛けるものであり、そして人々の心に、［小さな火をくべる］ことが、最小にして最大の役割でもある。まさに歌にできることは、これなのだ。

「優しい歌」に続きリリースされたのは「youthful days」（２００1年11月）である。前者がアナログの骨太な音像を保ちつつも、次へと向かう印象だったのに対し、今回はより軽みも備わり各楽器が闊達に自分の持ち場を全うする感覚になっていた。もちろん、曲調の違いが印象を大きく左右するわけだが、この2曲は、明らかに質感が違っていた。

この曲も、〝二度目のデビュー曲〟と呼んでよいだろう。ハツラツとしていて、瑞々しくもあり、歌のテーマ的にも、堂々とした、見紛うことなきラブソングだ。そう、デビュー当時のMr.Childrenが歌っていたような。

恋する気分は、見慣れた景色を特別なものにする。この歌の冒頭で、敢えて愛車を水溜まりに突っ込んでみせたりしたのは、日常のなかに、特別な高揚感を得たからだ。目の前の水溜まりは、主人公にとって極上のアトラクションともなったのだ。そんなワンシーンを、鮮やかに切り取っている。それは当初からあったイメージだ。なにしろこの歌の仮タイトルは「水溜まりとサボテン」。〝サボテン〟は、チューリップのヒット曲「サボテンの花」からインスパイアされたもの。

桜井はこの歌を、少し巻き舌を意識した歌い方で表現している。演奏も、まさに「にわか雨が通り過ぎてった」あとの空気を、音で表現している。雨に洗われた屋根や歩道が、もとの色を思い出したかのように目の前にある。

彼らにしては、シンプルでケレンのないコード進行である。それゆえ、各楽器のフットワークも軽やか。聴こえる田原のギターは乾いた音色であり、中川と鈴木のリズム・セクションは60年代前半のサーフィン／ホットロッド・ミュージックを思わせる重心の低さを身上とする。それらが相まって、主人公の心拍数を代弁するかのようだ。

この歌の最重要ポイントは、後半になって明らかになる。一番伝えたかったのは、青春の真っ只中、つまりyouthful daysでなくても、その気持ちなら、「いつでも取り戻すことが出来る」ということなのだ。

コーラスで聴こえる英語詞は、〝I got back youthful days〟。ハッキリと、そう歌っている。「水溜まりとサボテン」という仮タイトルで作り始めた時は、この結論に着地するとは思っていなかった。ふとこのコーラスが思い浮かんだとき、そこで初めて、この歌のテーマを天から授かったとも言えたのだ。
ところで、2番にはこんな歌詞が出てくる。サボテンが［花を付けた］。このエピソードは実話だ。桜井が家で育てていたサボテンを、株分けして親戚に贈ったところ、そんな知らせを受けたのだ。でも、一度咲いてしまった花は、いくらサボテンであってもやがては萎《しぼ》む。その儚《はかな》さも含め、歌っている。

明けて2002年は、Mr.Childrenにとって激動の一年となる。まずは元日。「君が好き」のリリースで、幸先のいいスタートを切る。この作品は、彼らが10周年という区切りを、澱みない気分で迎えたことを示していた。曲の発端はこうだ。ある日、ふと桜井のなかに、これぞという、印象的なメロディが浮かぶ。そしてそれは、朴訥《ぼくとつ》としたなかに、少しだけ入り組んだ感覚を併せ持っていた。
「でもだからこそ、歌詞を書く段になって〝君が好き〟という、シンプルな言葉が呼び寄せられたのかもしれない」（桜井）
この歌の特色は明快。いったん「君が好き」というタイトルを目にして、いざフルコーラス聴いてみた時、歌から受け取る印象が、けして「君が好き」というタイトルからはみ出さないことなのだ。シンプルだが、その後ろに控えた感情は幾重にも分厚く在り、でもアウトプットの仕方は、この四文字にものの見事に収斂《しゅうれん》されていく。

後半へと進んでも、特別な展開があるわけではない。少し濁った頭上の月が、煮え切らない主人公の想いを、僅かな蒼い光で、照らし続けているだけなのだ。そして、耳に残るのは、まさにこの四文字、「君が好き」なのである。ただ、同じ言葉のようで、繰り返されるたびに純度を増す。歌が終わったあとの余韻も、Mr.Children 史上、上位を争うものだろう。

彼らより20歳以上も年上のシンガー・ソング・ライター、小田和正がこの作品を褒めている。めったに褒めない小田ゆえ、言葉に真実味がある。小田は具体的に、「くたびれた自販機で」のところが、「特によく書けている」と感想を述べた。桜井は、この先輩からの言葉に、「大いに勇気づけられた」という。

レコーディングが佳境を迎えていたのは、リリースの前年、2001年の9月だ。スタジオに4人と小林がいた。いつもどおり作業を進めていると、臨時ニュースが入ってきた。ハイジャックされた飛行機が、ニューヨークの「ワールド・トレードセンター」に突っ込み、大きな火焔をあげていた。この出来事は、音楽に限らず、表現する者すべてに対して、大きな影響を与えることとなる。

2002年5月には、10枚目のアルバム『IT'S A WONDERFUL WORLD』がリリースされる。バンドの等身大を追い求めたのが『DISCOVERY』なら、そこから大きな進展が見られた。いわば地固めが済んだあとの応用だ。個性豊かな楽曲たちが並んだ。メンバーそれぞれが、スキルアップに挑んだレコーディングでもある。

以前なら、それぞれが楽器プレイヤーとして〝自分らしさ〟を発揮しようとし、それがひとつの着地点でもあったが、それでは済まされなかったのが、この時のスタジオ風景だった。〝らしさ〟のさらなる更新と、その都度、作品に見合う演奏が粘り強く要求されたのである。

「以前なら、例えばドラムのJENが彼らしく叩いていたならそれをヨシとしたけど、でも今回は、〝それも分かるけど、もっとこんな風に！〟とか、遠慮せずに要求した。メンバー同士、お互いが相手に対して、そんな空気を醸しだしていた」（桜井）

アルバムタイトルにも注目だ。もし9・11の同時多発テロを受け、それでもなお〝この世界は素晴らしい〟と言うならば、シニカルな響きにも受け取られかねない。しかし彼らは、あえて正面から、この言葉を使った。けして皮肉ではなく。とはいえ、実はタイトルは、あとから浮かんだものだった。当初は何も考えず、レコーディングを進めていった。「いい加減、ここらで決めないと」ということで、作業をいったん中断し、ミーティングに入る。

その時、桜井がある楽曲に「醜くも美しい世界」という仮タイトルを考えていたのに対し、鈴木がこんな提案をする。「その曲は、〝Dear wonderful world〟というタイトルにしたらどうだろう？」。鈴木の頭の中にこの言葉が浮かんだのは、大好きな映画『12モンキーズ』のラストに、ルイ・アームストロングの「ホワット・ア・ワンダフル・ワールド」が流れたことを、印象深く覚えていたからかもしれない。

ミーティングが終わり、桜井は別の曲に取りかかる。その作品には中国の鼓弓《こきゆう》やロシアの民族楽器の音色がちりばめられていく。スタジオでスタッフと、「これはまるで、ディズニーランドの〝イッツ・ア・スモール・ワールド〟みたいだね」と談笑し、まさにそのとき閃いたのが、『IT'S A WONDERFUL WORLD』というタイトルだった。

曲ごとに個性が際立つアルバムなので、内容的にはディズニーのアトラクションに似てなくもない。さらにこのアルバムなら、個性豊かな作品達を活かすべく、ステージ演出を多様に展開していけそうだ。来るべきツアーが、大いに期待された。

そのあと彼らは23枚目のシングル「Any」をリリースする。桜井はこの曲を、キーボードで作曲したという。そう聞いて、意外に思う方もいるかもしれない。本来、彼はギタリストだ。ギターで曲を作る場合、手の内にあるコードを展開させつつ、その響きをガイド役にして、ラララとハミングしたり、時にはもっと、腹の底から声を持ち上げシャウトしてみたりする。さらに、声をしゃくって起伏をつけて、その先へと展開しようとする。そんなふうにメロディを探っていく。

ただ、両手でギターを操りつつ、ハミングしたりシャウトしてメロディを探るといっても、必ずしもガイド役たるギターが、そのすべてを受け止めきれない事態も発生する。あるコードからあるコードへの展開だけでは、フォローしきれない細かなメロディの部分的なアイデアが思い浮かぶ場合だ。もしそこに、きちんとコードをあてがっておくことが不可能なら、そのアイデアは忘れ去られてしまう。再現不能にも陥る。桜井は、たびたびその限界を実感したのだ。そんなこともあり作曲時に、キーボードを活用するようになった。時期的にいうと、ちょうど『Q』のアルバムあたりからである。

キーボードならば、逆の発想が可能だ。ギターなら、コードの流れに反応するヒラメキが重要となるが、キーボードの場合、鍵盤を単音で鳴らし、分解写真を繋げるようにメロディの曲線を確認していくことができる。つまり、感覚としては、メロディというもののなかに我が身を滑り込ませて動かして、最良のラインを探していけるのだ。

「君が好き」はキーボードで作ったものだったが、それゆえ完成度を上げることに成功した例だ。歌詞でいえば［そんな空想を］の繊細なメロディの動きなど、まさに鍵盤で〝分解写真のように繋げた〟からこそだ。

もっとも、あくまでこれは、本来ギタリストである桜井が、得意というわけじゃないキーボードに触れてみたからこその活用の仕方である。もともと鍵盤奏者の人なら、様々なコード展開を応用し、ギターでやるのと似たやりかたで作曲する場合が多いかもしれない。

さて、桜井はキーボードを使って、どのように「Any」を書いたのだろう。まず、彼にとって曲作りとは、「イメージを浮かべること」から始まる。ただ、この行為にしてみても、細かく言えば段階がある。その日、彼は自宅で寛ぎながら、キーボードに向かっていた。イメージの〝第一稿〟が浮かんだ。まさに最初の段階だ。鍵盤に指を下ろす。

「感情はあくまでナチュラルに保ち、しかし感覚は、ぽわ〜んとだけど、張りめぐらしておく」（桜井）

この段階における心得は、そんなことでもあった。この日も彼は自宅で、ギターではなく、キーボードに向かい、曲作りに励んでいた。彼の頭のなかに、まずイメージの〝第一稿〟のようなものが浮かんでくる。鍵盤に指を下ろし、没頭し始める。

でもその時、背後から可愛い指が伸びてきて、思いも寄らないキョロンという高い音が鳴った。気がつけば当時まだ幼かった、彼の子供が右隣に立ち、背伸びをしつつ指を鍵盤に伸ばしていた。

「お父さんはお仕事なんだから、他のところで遊んでいなさい」。人によっては、そんなことにもなったかもしれない。しかし桜井は、キョロンと高く鳴った音を、むしろ歓迎し、採用するのである。この曲には、サビでどっと駆け上がる感覚がある。この部分が〝作曲〟された瞬間が、まさにこの時だった。

「歌詞でいえば、［探してたのと違っても］の〝違って〟のとこを、僕はファルセットで歌っている。実はこのことが、そのキッカケだった」（桜井）

「Any」はその後、『シフクノオト』に収録されることとなるが、既にこの時、ふいに聴こえた高い音こそが、彼にとって、〝シフクノオト〟だったかもしれない。

このあと7月17日の渋谷公会堂から、『DEAR WONDERFUL WORLD』のツアーがスタートする予定だった。10周年の区切りに行われることもあり、メンバーとしても、思い入れは強かった。敢えてアリーナを避け、全国のホールを回る日程が組まれた。

そもそも彼らは、ホールを充分に経験せず大きな会場へ進出した。まさに〝飛び級〟バンドだったのだ。なので、その時期にやり残したことをやるチャンスでもあった。

しかしそこに、衝撃的なニュースが飛び込んできた。これらの公演は、直前に中止される。理由は、桜井の急病のためである。事務所から発表されたのは、彼に「小脳梗塞の疑い」があり、「十分な休養が3、4カ月必要」というものだ。

スポーツ紙は、「Mr.Children 桜井　脳梗塞」の文字で埋めつくされた。全国のファンが受けたショックは、計り知れないほど大きなものだった。重篤な事態だけは免れたことが、何よりの救いでもあった。

すぐに桜井自身のコメントも発表された。ツアーを楽しみにしていた人達に対して心を寄せた内容で、「甘えず　腐らず　大事をとって　またあう日まで」と結ばれていた。バンドはこの時点で、いったん活動を休止する。

彼は退院後、しばらく山形で過ごす。最初は少し、手に痺れもあり、ギターを手にしても、スリー・フィンガーが上手く弾けなかった。復帰にはリハビリが必要だ。人間は、大きなアクシデントに遭遇すると、これまでとは違う生き甲斐を見いだしもする。彼にも様々な変化が訪れた。ただ、むしろこう思う。

「物事を判断する視点が、たかが病気をしたくらいでガラッと変わるのだけは嫌だった」(桜井)

その頃、田原と中川と鈴木は、どう過ごしていたのだろうか。月に1回くらいは集まって、ミーティングをしていた。

「桜井は病気だったし、へたしたら死んでいたかもしれない。だから、自分たちがどうのとかより、ただただ桜井の回復を願い、待つしかなかった」(田原)

彼らの音楽が、街中から消えてしまったわけではない。「Any」はNTTドコモのタイアップ・ソングとなって、特にサビの部分は、日本中のいたるところで流れていた。その歌詞とメロディは、様々な立場の人へのエールとなった。

「こんなはずじゃないのに……」と、暗澹《あんたん》たる日々を過ごす人がいる。いや、むしろそういう人達のほうが多いだろう。［今　僕のいる場所が　探してたのと違っても　間違いじゃない　きっと答えは一つじゃない］。サビの歌詞は、様々な人、まさに〝Any〟に対し、深く届いていった。また、この歌はブーメランのように、メンバーのもとへ返ってきて、彼ら自身を励ますことにもなった。

山形に滞在した桜井は、地元のコミュニティのなかで暮らしていた。東京の音楽業界とは隔離された場所だ。こんな出来事があった。彼が滞在した湯野浜はサーフィンの名所でもある。ある日、地元のサーフィン・チームが、「我々の歌を作ってくれないか？」と頼んできたのだ。

広告代理店を通じて主題歌の依頼が舞い込んだわけじゃない。これは仕事じゃない。どうやら町内に、歌を作るのが上手なお兄さんがいるから、いっちょう頼んでみるか……、そんな気軽なことだったかもしれない。もちろん彼らは、桜井が誰なのかは当然知っていた。でも、心の距離感としては、そんなことだったろう。そして桜井は、快く引き受ける。いざ作ってみると、我ながらいい出来ばえだった。それはだいたい、こんな歌である。

［今日も波はないか　でも悪くはない　退屈はしない］

チームのみんなは、普段、それぞれの仕事に勤しんでいて、日曜にだけ、地元のサーフ・ポイントに集まってくる。波を待てど、いっこうに訪れない日も珍しくない。でも、それはそれ。落胆するでもなく、みんなでバーベキューをしながら酒を酌み交わし、大いに楽しんだ。目的はもちろんサーフィンだ。でももしかして、一番大切なのは、こうしてみんなで集うことなのではないか。そんな彼らを想い、書いた歌だった。

この頃Mr.Childrenには、順調にいけば消化すべきスケジュールがあった。秋ごろに新曲のレコーディングをする予定であり、すでに候補曲もあったのだ。のちに「HERO」というタイトルで親しまれる歌である。この作品自体は、1年以上も前から存在していた。では、曲が生まれるキッカケはなんだったのだろう。

そもそもは、タイトルにもなった〝ヒーロー〟という言葉だ。日常のさまざまな情報のなかで、この言葉がクローズアップされるなか、桜井のアンテナにも引っかかっていた。特に同時多発テロ以降の報道のなかで、いち早く現場に駆けつけ、勇敢にも人命救助にあたった消防士や警察官たちの姿だ。アメリカの人々は、彼らを〝ヒーロー〟と讃えたのだ。しかし桜井は、そうした風潮が過熱し過ぎるのは違うのではと思っていた。

同じ頃、こんな出来事もあった。桜井のもとに、ある依頼が届く。難病と闘っているお子さんの両親と主治医の先生から、「励ましのビデオ・コメントをもらえないか」という依頼である。彼は悩んだ。

「もちろんコメントしてあげたい。でも、僕に励ませることがあるだろうかって考えたら、言葉が思いつかなかった」（桜井）

そのお子さんは、Mr.Childrenが大好きで、4人を〝ヒーロー〟のように思っていた。両親や先生は、それを知っていて連絡してくれたのだ。

「それは嬉しいことだった。でも、誰より元気になってくれることを願っているのはご両親だろうし、お二人こそが、その子にとっての本当の〝ヒーロー〟なんじゃないか？ ふと、そんなふうにも考えていた」（桜井）

結局、桜井は自分に嘘のない形で励ましの言葉を送った。そのあと、〝ヒーロー〟という言葉を巡る一連の事柄が、ひとつの想いへと結実する。

「確かに〝ヒーロー〟は存在するんだろうけど、無理して誰かを祭り上げたりすると、そのことで見えなくなる大切なこともあるのだと思う」（桜井）

それは「HERO」の歌詞へと反映される。慎ましくも勇敢な、この歌に。

２００２年も秋が近づくと、桜井が年内に、なんとか回復できそうだというメドが立つ。その時、中止になったツアーを、せめて一日だけでも12月に横浜アリーナでやろうという案が浮かぶ。だったらその時、必ず新曲の「HERO」を演奏しよう。そんな目標が出来たことで、彼らは更なる結束を果たすのだ。

そもそも「HERO」は、演奏していて、特別な感慨を沸き立たせる作品だった。桜井の復帰、バンドの再始動、未消化のままの10周年というメモリアル・イヤー……。鈴木はドラムを叩きつつ、この曲がある場所に差しかかると、こみあげる喜びを何度も噛みしめたという。［こうして繰り返していくことが　嬉しい　愛しい］のところである。

「ふたたび当たり前にMr.Childrenとしてレコーディングが出来ること。ただそれだけが、本当に嬉しかった」（鈴木）

普段は愉快な男も、このことに関しては神妙に呟いた。中川は、この曲のレコーディングが始まるやいなや、新たな場所へと向かっていけていることを実感したという。

「ともかく今は、新しい曲を完成させ、それを従えて人前に出て行くことが大事だった」（中川）

桜井の歌入れは、いつもより慎重に行われた。本調子ではない彼にとって、これまでのように全身全霊でシャウトすることは憚《はばか》られた。ボーカル・ブースと向き合って、別室に控えたみんなも、それは知っている。では、どのような方策が取られたのか。

サビの声を張るところは、ファルセットで歌うことにした。具体的には、まず［小さい頃に身振り手振り］の［頃に身振り］のところだ。その他にも、ファルセットにすべき部分は何カ所もあった。一番印象的ともいえる［でもヒーローになりたい］の〝なりたい〟

も同様だった。

この歌い方は、今までとは違う雰囲気を醸しだし、不幸中の幸いではあったものの、新しい魅力ともなる。ファルセットにすることで、主人公の願いが透き通り、そのまま未来へ届いていくような感覚にもなったのだ。

試し試しの歌入れは、このように進んでいった。ところが、いちばん最後のコーラスのサビで、桜井は思い切った行動にでる。最後の最後だけ、ファルセットではなく、普段の地声で思いっきりシャウトしたのである。万感の思いをのせ、「でもヒーローになりたい」という歌詞が、スタジオに響きわたったのだ。

その場に立ち会っていた小林は、「まさに心をワシ掴みにされた」と言う。桜井は最後にシャウトしてみせることで、みんなに伝えたいことがあったのだろうか。「僕なら大丈夫。ほら、この通り！」と。CDは、12月11日にリリースされた。

12月21日。一日限りの「横浜アリーナ」当日である。外は冷たい雨だった。新横浜駅から遊歩道で向かうと、傘の大群が入り口付近に見えていた。それにしても、いったん中止したツアーを、たった一回だけ開催するというのは、前代未聞である。そもそもツアーは、コンサートの本数が見込めるからこそ制作予算も立てられる。

『DEAR WONDERFUL WORLD』の場合、準備は整いつつも開催中止が決まり、関わった多くのスタッフ達は、それぞれ別の現場へと散っていたはずだ。それなのにこの日のために再集結し、ステージを組み上げた。興行における経済的観念を度外視したものであった。このツアーに関わるはずだった全スタッフの、心意気が勝った。もちろん、決断したのはメンバーと小林である。

場内が暗転し、会場全体から悲鳴のような声援が湧き上がる。オープニング映像は、この日の空模様とリンクしたかのように、日常の景色に滴《したた》る水があふれ出す、独特の映像美を湛えたものだった。メンバーが位置につく。ギターを提げ、マイクの前に立った桜井の姿は、変貌を遂げていた。数カ月前、さらさらした黒髪だった桜井が、この日は髪を染め、しかもセットされた髪はパンクロッカーのように上向き加減だ。白いジャケットだったので、余計、その髪型が際立った。

7曲歌い終わったあと、やっと彼は口を開く。「どうもありがとう。サスガに一日限りということで緊張します」。自分自身のことより、バンドのこと、中止になったツアーのことに軸をおいた発言だった。しかし、体調のことに触れないわけにはいかなかった。とはいえ、彼の口ぶりには悲壮感のカケラもない。「僕の頭がヘンテコなことになりまして……」。ユーモアをまじえ話し始める。

冷静に、この日のライブの出来ばえを語るなら、ベストなものとは評価出来なかっただろう。どこか、ふわふわとしていた。もちろん、時間をかけて作っていくべきツアーを、たった一日だけ開催し、総ての答を出せといわれても、どだい無理な話なのだ。映像を含め、複雑な決まり事もあるステージだったのだ。その模様はテレビで中継もされ、桜井が無事、ステージに戻ってきたことをお茶の間に報告できた。

アンコールもいよいよ最後。今回のセットリストの裏表紙にあたる「It's a wonderful world」を歌いきり、頭を下げた桜井は、「また会いましょう、バイバイ」とファンに告げた。そこで終了と思いきや、その先があった。

CDのバージョンと違った前奏部分が加えられ、最初はなんの曲か分からない。でもすぐさま、聞き馴染んだあのイントロ〝♪ツタタタタタ〟という鈴木のドラムを契機とし、それが「HERO」であることが分かった。

歌詞を丁寧に噛みしめつつ、桜井は歌った。センテンスの切れ目では、言葉をマイクから逃がすよう、首を横にずらしつつ、歌い進んでいった。彼の声の強さを感じ取り、呼応するように、田原のギターと中川のベースが鳴っている。クライマックスでは、メンバー3人がフルで鳴らす分厚い音に、しっかり桜井も、声を張って応えていた。

田原も中川も鈴木も、この「HERO」を演奏し切ることで、止まっていた時間から解放されていくようでもあった。そして最後の最後。もはや歌は終わりアウトロを残すのみと思いきや、桜井は予定とは違い、〝♪ゥウウ〜〟とタメを作って、［差し伸べるよ］の歌詞を、もう一度繰り返した。

それから暫《しばら》くたって、彼はあの日の経験を、こう振り返っている。実はステージにあがる前は、「色々なひとに迷惑をかけてしまったことへの負い目や、そこから一日も早く逃れたいという、そんな想いも抱えていた」という。でも、いざステージに臨んでみると、あとに残されたのはこんな気持ちだったという。

「いいことも悪いことも、その全部を音楽に変えていく、パフォーマンスに変えていく。そちらの意欲が、他のどんなものより勝っていった。もちろん久しぶりで緊張はあった。緊張しないなんて不可能だったけど、もしかして、それすらもお客さんに楽しんでもらえるんじゃないかと考えた」（桜井）

この日のステージは『wonederful world on DEC 21』として、2003年3月に映像作品になっている。映像化には賛否あった。せめてもう何本か同じセットリストでライブをやって、そこからベストのものを作品化する案もあった。しかし最終的には、たった一日の運命的なライブの正直な姿こそを後世に伝えることで、みんなの意見が一致した。

この時、彼らが準備していたのが〝wonderful world〟という、あたかも未来への拡がりを感じさせるタイトルであったことを思えば、皮肉な結果といえばそう思えなくもない。しかし桜井が語った〝いいことも悪いことも、その全部を音楽に変えていく〟という言葉に込められた意思は、その後、このバンドのかけがえのない財産となっていく。

2004～2007
Sign

Sign

届いてくれるといいな
君の分かんないところで　僕も今奏でてるよ
育たないで萎れてた　新芽みたいな音符《おもい》を
二つ重ねて鳴らすハーモニー

「ありがとう」と「ごめんね」を繰り返して僕ら
人恋しさを積み木みたいに乗せてゆく

ありふれた時間が愛しく思えたら
それは〝愛の仕業〟と　小さく笑った
君が見せる仕草　僕に向けられてるサイン
もう　何ひとつ見落とさない　そんなことを考えている

たまに無頓着な言葉で汚し合って
互いの未熟さに嫌気がさす
でもいつかは裸になり　甘い体温に触れて

優しさを見せつけ合う
似てるけどどこか違う　だけど同じ匂い
身体でも心でもなく愛している

僅かだって明かりが心に灯るなら
大切にしなきゃ　と僕らは誓った
めぐり逢った　すべてのものから送られるサイン
もう　何ひとつ見逃さない　そうやって暮らしてゆこう

緑道の木漏れ日が君にあたって揺れる
時間の美しさと残酷さを知る

残された時間が僕らにはあるから
大切にしなきゃ　と小さく笑った
君が見せる仕草　僕を強くさせるサイン
もう　何ひとつ見落とさない　そうやって暮らしてゆこう
そんなことを考えている

彼らの次のアルバム『シフクノオト』がリリースされたのは、『IT'S A WONDERFUL WORLD』から2年近く経った2004年4月のことである。カタカナのアルバムタイトルは初めてだ。シフクとは、漢字を充てれば至福のこと。これ以上ないほどの幸せ、ということを意味する。

当初、桜井はタイトル案として〝コミックス〟というのも温めていたが、他のメンバーに不評だった。結局、『シフクノオト』に落ち着いた。そもそもこの〝至福〟という言葉とどう出会ったのだろう？

「アランが書いた『幸福論』を読んでいたとき、ふと目に留まったのがこの言葉だったのだけれど、自分なりにこう解釈した。〝幸せになりたい！〟と思っている間は、幸せになれないいんじゃないか？　そもそも満ち足りないモノを外へ外へと求めると、目の前のことに気づかなくなる。いっそ、遠くの幸せなんて諦めた方が手に入るものもある」（桜井）

諦めるというのも、悪いことではないのではないか。そんな発想もしつつ、言葉遊びを楽しんでもいた。

「諦めることで、〝明らかに極める〟ことだって可能なんじゃないか？　〝アキラ〟かにき

わ〝メル〟の〝アキラメル〟。そんなふうに、どんどん想いが膨らんでいった」（桜井）

影響力あるミュージシャンが、高い場所から何かを告げるのではなく、ありふれた個人が、ありふれた他のみんなと同じ目線から発想するようなことを切り取ろうとした。この頃、桜井は目線の低さを確保するため、カタカナを大いに活用している。

アルバム・タイトルがそうだし、たとえば「タガタメ」という作品もそうだ。もしこの曲タイトルを〝誰が為〟などと漢字にしてしまうと、リッパなものになり過ぎる。それではダメで、カタカナが相応《ふさわ》しい。

「タガタメ」は、そもそもお気楽なカントリー調の作品だった。サビのところを桜井は、仮歌では〝パッパラッパ～　パッパラッパ～〟と歌っていた。まるで大昔のミルス・ブラザースがラッパの音を模してスキャットしたかのようだ。この寛ぎがあって、「ディカプリオの出世作なら」という、1行目の歌詞を生み出している。さっき録画しておいたよ、みたいな、家の者同士でしばしば交わされる日常会話が、そのまま歌詞になったようなものだ。

しかし書いていくうちに、気楽さは消え、シリアスな様相を呈していく。曲調も、ぐっとテンポが落とされる。なぜこれほどの大転換が起こったのだろうか。要はこの曲を陽気なものにした最大要因の〝パッパラッパ～　パッパラッパ～〟が、変更されたからだ。そこはいつしか、「タタカッテ　タタカッテ」になっていた。言葉の意味というより、この時点ではこちらの音感のほうが相応しいと感じたのだろう。〝パッ〟というのと〝タッ〟というのでは、後者の方が芯の強さを醸しだす。

ただ、この変更は危険でもあった。〝戦う〟となれば、この歌でもっともらしいことを振りかざす契機となりかねない。

「でも、それは当初、この曲で伝えたかったことと、あまりにもかけ離れていた。なのでむしろ、ここはここととして、他は特に文脈にこだわらず、それぞれの想いがぽんぽんと、曲のなかに置かれていくような構成をめざした」（桜井）

「タガタメ」をアルバムに収録する場合、「HERO」と対になりそうだ。このふたつは組曲のように、アルバムの締めを飾ることとなる。

『シフクノオト』には親しみやすい人気曲が多いが、なかでも幅広い層に支持されたのが「掌」とともにシングルとしてリリースされた「くるみ」ではないだろうか。

「女性に対して歌っているけど、その女性と付き合っていた頃の自分を振り返り、失ったものもあるけど、それでもまた、明日は明日で胸を膨らませて生きていこう。そんな想いを書いた」（桜井）

実は、「くるみ」を書くにあたってインスパイアされた歌があった。

「僕は尾崎豊の〝シェリー〟が好きだった。日頃から聴き込んでもいた。もちろんあの歌は、〝シェリー〟という存在に対して歌いかけているんだけど、同時にあの頃の、あどけなく、ピュアだった自分自身にも歌っているんだと思った。そう思えば、あくまで〝シェリー〟はそのためのメタファーとも受け取れる。僕が書いたこの歌も、そんな構造にしようと思っていたし、だからタイトルが、相手の名前、〝くるみ〟だったりする」(桜井)

つまり「くるみ」はメタファーで、実はこの歌に映り込むのは自分自身ということだ。確かにこの作品は、ハッキリと相手が明示され、その人に向けられたもののようでいて、〝出さない手紙〟のように、じっと手のなかに留まっているような気分にもさせる。聴き手の男女を問わず、そんな気にさせる。

1番が終わり、やがて2番という進展に関しても、ソングライターとしてのこだわりが窺える。

「そもそも1番というのは、聴いてくれる人の耳に飛び込んでいく表現が必要で、そこで手を差しのべて、もし自分の手を握り返して好きになってくれたのなら、今度は2番で、より深く伝えたいことを書くようにしている」(桜井)

2番の歌詞、サビの[どこかで掛け違えてきて][一つ余ったボタン]のところは、これまで自分が書いてきたなかでも、特に満足のいく出来ばえだったという。

アルバムをまた一枚、Mr.Childrenの名のもとに完成させた喜びは、計り知れないものである。そして彼らには、いつしか恒例行事が生まれた。メンバー・スタッフ含めた「試聴会」である。お疲れさまの慰労をかねたものである。いわゆる〝打ち上げ〟だ。さらに、踏ん切りをつけるための儀式でもある。

　もう「完成」してしまったのだから、これ以上の手直しは出来ない。畏《かしこ》まったものではない。後半はお酒も手伝い、大いに盛り上がる。彼らには、彼らだけにしか分からないレコーディングの苦労があり、壁にぶつかることも多々ある。でもそれが、たったひとつのアイデアで解決に導かれたりもする。数分間の歌を作るために、膨大な時間が費やされる。時間を巻き戻し、さまざまなエピソードをひもときながら、「試聴会」は夜更けまで続いていった。

　翌朝、桜井の目覚めは普段より遅かった。昨日飲みすぎたことを、少し反省した。でも、名曲「Sign」は、そんな状況のなかでアイデアを得たものだったのだ。

「確かにそれは、『シフクノオト』の完成打ち上げの次の日だった。すごい二日酔いで、体調は悪かったけど、そのせいで普段は邪魔をする余計な自我をひっこめたというか……。かえってそれが、いつもと違う創作へ向かわせたのかもしれない」（桜井）

　〝いつもと違う〟というのは、普段、Mr.Children のために書く曲とは違うということ。つまり、「自分が歌う曲」とも違うということだ。

「気づくとそのメロディは、〝僕だったらその高さまで跳んではいかないな〟、というとこ

まで跳躍する感覚になっていた」（桜井）

別のアーティストに例えるなら、「ロマンスの神様」などで知られる広瀬香美的な跳躍である。この曲を聴いた多くの人達がキュンとする、［僕に向けられてるサイン］の〝♪サイン〟のところ。桜井が思い浮かべた〝跳躍〟というのは、彼女の声の音域と安定感あってこそのものだろうが、この時、桜井は彼女の高音へ突き抜ける感覚を、「なんとなくイメージしていた」というのだ。

繰り返しになるが、もしこれが、次のアルバムのための Mr.Children の曲を準備していたのなら、けして発想しなかったことだ。そもそも他のアーティストの顔が、しかも女性アーティストは、浮かばなかったはずだ。ただ、この話で思いだすことがある。そう、「花 –Mémento-Mori–」だ。あの歌は当初、女性ボーカル・ユニットが歌うことを想定して書いたため、それまでの彼のソング・ライティングの壁を越えていった。しかし結果として、「Sign」は Mr.Children のレパートリーとなり、桜井が歌うこととなったのはご存じのとおりである。

では、この〝サイン〟という言葉自体、どこから発想されたのだろう。この歌は、曲が先に作られており、この言葉との出会いは、メロディを探るなかでの偶然だったという。「最初からこの言葉を使おうと思ったわけではなかった。ただ、メロディが高いところへ駆け上がるとき、それを可能にする口の開き方というのがあって、そこでは〝サ〟の音しか考えられなかった。そうでなければ勢いがつかないし、駆け上がることもできなかった。そして、この音から始まる言葉を探していたら、〝サイン〟が閃いた」（桜井）

ドラマの内容ともぴったりだ。主題歌となった『オレンジデイズ』は、言葉を超えたメッセージこそがカギである。柴咲コウが演じた主人公は、聴覚に障害がある役柄であり、日常のなかに在る、言葉を超えた大切なサインを見逃さないことこそが、主題でもあったからだ。

実に興味深いことに、『シフクノオト』の打ち上げの翌日にできた「Sign」は、「あのアルバムで言いたかったことを、総括した内容でもあった」（桜井）。

こう考えると、飲み過ぎの二日酔いというのは、まんざらでもないことが分かる。しかし、だからといって、毎回必ずいいメロディが浮かぶとは限らないことも、彼は知っている。

自らプロデュースに関わったものを、けして手放しで褒めたりしない小林も、この曲「Sign」に関しては、「桜井は、いつのまに腕をあげたんだろう」と絶賛する。

ひとつの楽曲を構成する様々な要素が、どれひとつ欠けることなく響き合い、作品のドラマ性を磨き上げている。自らのアイデアも加えた後半のストリングスの絡みなども含め、まさに「完璧の出来ばえ」と言う。

翌2005年には、これまでのMr.Childrenの作風とは、またひとつ違うタイプの楽曲が聴こえてくる。日清食品「カップヌードル」の広告〝NO BORDER〟シリーズのために書かれた「and I love you」だ。このシリーズは、単に商品の販売促進のためというより、もっと大きなテーマを扱っており、それは「少しでも『平和』について思いを巡らしてほしい」というものだった。楽曲も、それに沿った内容が求められた。しかし既に、Mr.Childrenは前年の同じシリーズに、「タガタメ」を提供していた。

桜井は、どのような作品が適切なのか分かっており、スタジオへ出向く際に事前に用意してあった作品に関しても、ある程度の自信はあった。ところがそれが、ボツになる。

「おそらくそれは、あまりにも〝それっぽい〟ものだったのかもしれない。そのあと急遽、まさに切羽詰まった状態で、新たな曲作りに取りかかった」（桜井）

ボツにすることを決めたのは小林だが、少し視点を変えささえすれば、必ずや桜井は、すぐさま新たな曲を提出してくれるであろう予感があった。小林は、「出来るでしょ、きっと、30分もあれば」と、不安のかけらもないトーンで、桜井に話しかけた。

それは「麻布スタジオ」3階の、ミーティング・スペースでの出来事だ。そのまま桜井は2階のスタジオへギターを持って降りていく。

「とはいえ急に曲を作るといっても、ふだんは〝さぁ曲を作るぞ！〟なんてことでは作り

始めない。でもとりあえず、何気なくギターをワン・コード鳴らしつつ、〝さてどうしよう？〟と探っていった」（桜井）

そこからいったん、新たな響きへの橋渡しとなりそうなsus4のコードへと展開してみたものの、「それは在り来たりと思ったのか、この時はそこにいかず、aug（オーギュメント）っていう、ちょっとどっちつかずの響きのコードを弾いてみた。そのうち、全体の展開を思いついた」（桜井）。

彼がいう通り、確かに「and I love you」は、浮遊感のある雰囲気とともに始まっていく。特徴としては、Aメロ・Bメロ・Cメロ・サビのような、J－POPで一般的な構成ではなく、あえて言えば〝洋楽的〟な作風であることだ。洋楽には細かい展開をせず、大きくふたつのパートの繰り返しで成り立つ作品も多い。

歌詞の［どうしようもなく急に］から、いきなり感情が昂《たかぶ》り言葉が溢れだす。それまでこの曲は浮遊感とともに穏やかな雰囲気であり、サビにしても、これまでの桜井が見せなかったほど、清らかなファルセットで歌われている。しかし一気に爆発する。

「なにしろ、あまりにシンプルな構成だった。そこにリアリティを与えるため、いきなり言葉を詰め込むことにした。〝この歌の作者は言いたいことが一杯ある。だからメロディを無視してでも、ともかく言葉を詰め込むんだ〟。その意図がハッキリ聴き手に伝わるくらい、思い切ったことをしている」（桜井）

言葉を詰め込む、ということでは、「名もなき詩」がそうだった。歌の後半の「成り行きまかせの恋におち」以降のパートである。

「あれは佐野元春さんに倣《なら》ってやってみて功を奏したものだったが、この曲の「どうしようもなく急に」以降は、ブルース・スプリングスティーンかもしれない。よく、ライブでバンドには延々ループで演奏させておいて、自分は何かそこにスピーチのように言葉を乗せるパフォーマンスをしていた。そう、あのイメージだった」（桜井）

「Sign」や「and I love you」を収録したアルバムが『I♥U』で、『シフクノオト』から約1年半後の2005年9月にリリースされている。今回も多彩な作品が収録されていたが、衝動をそのままに音楽という服を着込むかのような作風も目立つ作品集だ。

例えば「Monster」や「跳べ」である。楽器を打ち震わすことで醸しだされるパッションと。響きの鋭角さを重んじて、極力意味は背負わず突き進む歌詞。これらは真正のロックが持つ醍醐味だ。

さらに、歌のテーマ選びの規制を外し衝動を優先した例としては、「隔たり」があった。この作品は、避妊具を題材に肉体と肉体の合意はおろか、その後の二人の人生の合意をも重ね合わせて描こうとする意欲作である。

衝動を優先した結果は、この「隔たり」以外にも、桜井の書く歌のシチュエーションを拡げていった。「CANDY」もそのひとつだ。

この曲は、いつにも増して大人っぽいラブソングである。なぜそう感じられるのかというと、この歌の主人公は、激しい恋の季節を何度かやり過ごした経験を持っていそうだからである。

「僕よりはずっと年上で、でも年甲斐もなく、また恋をして……。歌を書きながら想像していたのは、そんな人物だった。でも、なぜこの歌が〝キャンディ〟なのかというと、あえてこの可愛らしい言葉を出しつつ、そこに［孤独が爆発する］みたいな相反する表現をぶつけてみたかったからでもある」（桜井）

曲のアレンジは、人間臭い響きのギター、ピアノとオルガン、さらにストリングスが効いている。特にギターの奔放な響きとストリングスが対照的であり、まるでそれぞれが、主人公のなかで葛藤する欲望と理性を代弁するかのようでもある。

曲作りの発想も興味深い。ある日、桜井はギター雑誌に解説されていた、主に90年代に活躍したイギリスのバンド、ザ・ヴァーヴの曲のコード進行に興味を持ち、ギターでなぞってみる。それを自分なりにアレンジし、応用することで、「CANDY」の印象的なAメロの冒頭を思いついたという。

『I♥U』を引っ提げたツアーは、彼らにとって初の5大ドームを回る規模となる。衝動を優先したアルバムだからこそ、むしろ広いドームを回るのが面白いのでは？　そんな発想からだった。

ところで『I❤U』には、他にもこんな側面がある。この頃には、桜井にBank Bandとしての活動も加わり、そこでのソング・ライティングの機会も得た。それゆえ、Mr. Childrenではこの場所でしかできないことを求めがちにもなった。

心に潜むダークな部分も隠さず、衝動に任せて表現する、ということは、ロック・バンドという形態だからこそ得意なことだし、気づけばその傾向が強く出たのが、『I❤U』だったと言えるのだ。しかし、これはバンドが活動を開始して以来、初めて経験することでもあった。もしそうなら、これは彼ら4人の自然な佇まいとは別のものだ。本来のバランスを取るためにも、その後の彼らは逆のベクトルへと振れるのだ。

「次はもっと明るくて、スピード感あるものがやりたくなった。ポジティヴなエネルギーに満ちあふれ、もう、その要素だけで総てが出来上がっているような曲をやりたくなった。たとえ周囲から〝世間知らず〟とか〝お調子者〟とか言われようと、気にしないで信念をもってやりたくなった」(桜井)

とはいえ、畏まった態度で音楽に向かっていったわけではない。そもそも彼らには、〝お調子者〟の側面も、元からあった。日々の営みが、気付けば音楽になっていった。そもそも桜井がそうである。この時期に生まれた作品は、「日常からやってきて、日常に帰っていくような感覚のものだった」（桜井）。

やがてそれは2007年3月リリースの『HOME』というアルバムに帰結する。出来上がってみると、「自分の家族のことを書いていることも多かった」という。ただ、あえて題材に選んだわけではなく、「気がつくと、そんな歌が多くなっていた」（桜井）。

一曲、一曲、出来上がった時点で、その都度、気付かされたことだった。

アルバム作りというのは、毎回毎回、山登りのようなものだ。これから頂を目指す。でもそのためには、まず登山口を探すことから始めなければならない。今回の場合、2006年の1月に、4人と小林が、スタジオに集合することでスタートした。そこから2週間を単位として、音楽に集中し、そのあと同じくらいスタジオを離れ、リフレッシュした。自分たちの音楽を、客観的にみつめる大切な時間にもなった。

そんななか、最初に完成に向かったのは「箒星《ほうきぼし》」である。それはやがて、『HOME』を象徴する作品となる。

この作品は、まず自動車会社のキャンペーン・ソングとして、サビの部分がCMで流された。しかし、その際の歌詞は幻となり、変更される。歌詞に登場する〝観覧車〟という言葉にインスパイアされたアレンジも試みられる。しかし、結局ボツに。当時、彼らはそれを〝観覧車バージョン〟と呼んでいた。ただ、結局は当初の目論見である、〝ポジティヴなエネルギーに満ちあふれ〟たものこそを、再度、目指すこととなる。ただ、この曲のスピード感は、演奏者に程よい緊張をもたらした。

「気を抜かずに、お互いの音に反応出来る隙間を保ちつつ演奏する必要があった」(鈴木)

まさに彼自身にとっても、この曲はそういうタイプのものだった。曲の冒頭から、気を抜くことなど不可能なのだ。いきなりスネアの連打から始まる。我々の耳に届くのは、鈴木が奏でる〝♪タタタタタタ〟と小気味よく弾む音だ。

もしライブなら、彼のその日のバイオリズムが、一瞬のうちに露呈するかもしれない。そしてそれは、瞬時にメンバーへと伝播《でんぱ》するだろう。演奏全体の出来ばえにも、この出だしの部分が大きな影響を及ぼすはずだ。

「箒星」は、4人と小林が奏でる音が丁々発止と絡みつき、つむじ風を巻き起こすかのようなアンサンブルが魅力だ。それは2006年の段階で、快調に走り抜けているミスチル号という乗り物の、確かなハンドルさばきを象徴するようでもある。彼らに誘《いざな》われ、我々も乗車したのなら、ずっと運命をともにしたくなるほど快適だ。未来を目指し、どこまでも前進したくなる。

「名もなき詩」などとはまた別な意味で、演奏しているメンバーの顔が、ハッキリ浮かぶのも特徴だ。田原のギターの弾み方は、彼のステージの佇まい、顎や膝を上下に動かすあの仕種が浮かぶものでもあるし、頭を垂れ、上体がやや沈み込むようにし、ベースからメロディを湧きたたせる中川の姿も、くっきり眼前に浮かぶ。この曲の場合、小林はプロデューサーというより〝一人のピアノ弾き〟である。特に後半の、変拍子から小回りの利くフレーズに移るあたりは、鬼気せまる運指が冴える。もちろん鈴木は、冒頭のスネアの連打から始まって、ずっとこの曲のエネルギー源であり続けるのだ。

桜井は、歌の世界を雑味なく届けてくれる。彼はこの歌を、一小節ごと、こちらに手を差し延べるかのようにポジティヴ・シンキングならぬポジティブ・シンギングしていく。実はこの歌が伝えたいメッセージとして、その背景には「若者を中心とした音楽の聴かれ方の変化」があった。

「音楽が送り手から個人の聴き手へと配信されるだけじゃなく、かつての歌謡曲じゃないけど、ひとつの歌をみんなで歌い、心を繋ぐようなことが再び起これば」(桜井)

そんな願いも込めた作品だったのだ。特にサビの気高きメロディは、まさに一緒にシング・アウトし、心を重ね合わせるのに最適だった。

歌詞のなかで、特筆すべきは、このフレーズだ。[未来の担い手　人の形した光]である。バーチャル・リアリティが、なんの違和感もなく、日常に同居するのが現代社会なら、その日常の感覚を、見事に歌詞として言語化したのが[人の形した光]という表現ではなかろうか。

心の隅々までを、まさに希望の光が陰ひとつなく照らし、人の輪郭を形作るイメージだ。

もしかして、彼らのかつてのシングル「光の射す方へ」のジャケット・デザインを思い出す人もいるかもしれない。この曲がリリースされたのは、2006年7月のことだったが。

『HOME』のレコーディングの当初において、桜井がメンバーに聴かせたデモは数曲のみだったが、そのなかに、自らのピアノの上達を目指しつつ、あえてピアノの弾き語りで完成させたものがあった。それは「しるし」。同じ年の11月に、シングルとしてリリースされ、大ヒットした楽曲である。

シングル作品としては異例の7分12秒という演奏時間。しかし冗漫にならず、募る想いが満ちて満ちて広がっていき、いったん溢れそうになりながらも僅かな隙間を探し、さらにそこも満たしつつ、そして最後の最後、ついには熱き感情が零《こぼ》れ落ちて大団円を迎える。つまりそんなドラマチックな主人公の心情をあますところなく伝えるために、7分12秒が必要だったということなのだ。

切々と歌いあげるバラードの場合は、それぞれの楽器が適切な距離感で寄り添う必要がある。聴いている人間の、感情移入のためのスペースを確保する必要があるからだ。彼らの作品でいえば、例えば「抱きしめたい」は、初期の作品にもかかわらず、充分にこのスペースが考慮されていた。

レコーディング中、特に工夫がこらされたのが、演奏開始5分17秒の辺りである。ここでストリングスが燃え盛るように響き渡り、でも次の瞬間にブレイクし、無音となる。そして再び、立ち上がっていく。

「スタジオでアレンジを考えつつ、どうやったら最後の最後、大団円を迎えることが出来るのかで悩みもした。でも、ついにこの仕掛けを思いつき、それを実際に試したら、見事に決まってね。みんなで〝やった！〟って叫んだ。あのときのことは忘れない」（鈴木）

愛の始まりのようで、愛の終わりのような歌でもある。いま現在の気持ちのようで、回想のようでもある。扱われる感情が、発端と結末を行き来するようでもあって、二人の距離感も様々に伝わってくる。そもそもイントロのピアノに聴かれる［D♭ Cm7-5 F］の滲んだ世界観からして、プロローグにもエピローグにも受け取れる響きだ。

「無理して物語を与えなくても、人を想う、その想いの深ささえ描ければいいと思っていた」（桜井）

ストーリーを捻出し、どう「歌」として成立させるかより、まさに「想い」こそを最優先したということだろう。

とはいえ、「歌」は、歌詞とメロディがなければ成立しない。しかし、言葉の意味性に頼りすぎない姿勢で臨んだことが、はっきりと分かる。なぜなら、「どんな言葉を選んでも」「嘘っぽい」と、そう表明しているからだ。さらに、「左脳に書いた手紙」を「丸めて捨てる」という行為にも出ているのだ。左脳はそもそも、言語力を司る場所である。しまいにこの歌には、［沈黙の歌］という表現すら出てくる。

ここまでため込まれた未消化の想い。その、積もり積もったものの出口として用意されているのは、〝ダーリンダーリン〟という、シンプルすぎる言葉なのだ。さらに〝Oh My darling〟と、いっさいブレることなくダメ押される。歌の終わり際、もう残された余白はごく僅かな時にも、再び選ばれたのは〝ダーリンダーリン〟の繰り返しなのだ。ただ、最後はシャウトではなくて、慈しみを込めた、柔らかく呟くような歌声なのだが、この歌のなかの恋慕が、ここでいったん透明なものとなり、余韻を残す。


桜井も生身の人間で、彼は愛し愛され日々を重ねてきたのであり、この歌も大切な人を思い描いた作品に違いない。シンガー・ソング・ライターの描く世界観を、私小説的に受け取ることを好む人なら、実にそれは興味のある部分だと思うが、そもそも彼は『HOME』のアルバムに関して、気付けば「自分の家族のことを書いていることも多かった」と発言しているのだ。もちろんこの歌の〝愛しい大切な人〟も、彼の身近な存在だったのだろう。

実は、「モンちゃん」のことだったのである。桜井が7年間、大切に飼い続けたリスザルだ。とても残念なことに、この歌を書く少し前、死んでしまった。

「もう、おんおん泣きながら書いたのがこの歌だった。でも、死んだ者への言葉に聴こえすぎるところは、誰もが共感しうる恋愛の歌に聴こえるよう、自分の気持ちをコントロールしつつ書いていたかもしれないけど」（桜井）

非常に具体的なエピソードである。しかも、ごくごく個人的なものだ。しかしその感情が皆の耳に届くものとして産み落とされる時、つまりポップソングとして醸成されていく過程において、桜井は個人的な悲しみから解放され、彼自身も歌を書くことで癒されたことが分かる。

「一時の感情で書いたはずなのに、気づけば〝ダーリンダーリン〟のあとに〝カレンダーに〟と、韻をふむことすらしていたのだし」（桜井）

ここに紹介されたのは、まさに制作秘話とよぶべきものだ。我々は、このエピソードを深く胸に刻む。しかし、このあと、再び「しるし」を耳にしたとして、歌そのものがこのエピソードに占領されたままなのだろうか。いや、違う。やはり「しるし」を聴けば、そこにはまっさらで感動的な〝ダーリンダーリン〟が響くのだ。そして、〝Oh My darling〟と追い打ちをかける。

この繰り返しが、なぜこれだけの感動を呼ぶのか？　それはもちろん、聴いた人それぞれの〝最愛の人〟が、心のなかに映し出されるからだろう。

歌の念写力。不思議な力。いい歌には、必ずそれが備わっている。

2008～2010
GIFT

GIFT

一番きれいな色ってなんだろう?
一番ひかってるものってなんだろう?
僕は探していた　最高のGIFTを
君が喜んだ姿をイメージしながら

『本当の自分』を見つけたいって言うけど
『生まれた意味』を知りたいって言うけど
僕の両手がそれを渡す時
ふと謎が解けるといいな　受け取ってくれるかな

長い間　君に渡したくて
強く握り締めていたから
もうグジャグジャになって　色は変わり果て
お世辞にもきれいとは言えないけど

「白か黒で答えろ」という

難題を突きつけられ
ぶち当たった壁の前で
僕らはまた迷っている　迷ってるけど
白と黒のその間に
無限の色が広がってる
君に似合う色探して　やさしい名前をつけたなら
ほら　一番きれいな色
今　君に贈るよ

地平線の先に辿り着いても
新しい地平線が広がるだけ
「もうやめにしようか?」　自分の胸に聞くと
「まだ歩き続けたい」と返事が聞こえたよ

知らぬ間に増えていった荷物も
まだなんとか背負っていけるから
君の分まで持つよ　だからそばにいてよ
それだけで心は軽くなる

果てしない旅路の果てに
『選ばれる者』とは誰？
たとえ僕じゃなくたって
それでもまた走っていく　走っていくよ
降り注ぐ日差しがあって
だからこそ日陰もあって
そのすべてが意味を持って
互いを讃えているのなら
もうどんな場所にいても
光を感じれるよ

今　君に贈るよ　気に入るかなぁ？　受け取ってよ
君とだから探せたよ　僕の方こそありがとう

一番きれいな色ってなんだろう？
一番ひかってるものってなんだろう？

僕は抱きしめる　君がくれたGIFTを
いつまでも胸の奥で
ほら　ひかってるんだよ
ひかり続けんだよ

2008年6月。日本全国津々浦々に、彼らの新しい歌が流れ始める。NHKの北京オリンピック放送のテーマ曲「GIFT」だ。この期間、頻繁にこの曲がお茶の間に流され、普段、Mr.Childrenを聴く機会のない人々にも届いていった。

ある時、桜井は年配の女性から、「いい歌ねぇ」と声を掛けられた。この一言は、彼らを刺激した。「どんな作品を作ればいいのか?」を考えるとき、それは、「どんな人達が聴いてくれるのか?」を想像することと重なる。「GIFT」を出したことで、彼らが作品を作る上での〝想像上の聴き手〟もぐっと広がったのである。

どのように誕生した作品なのだろう。最初のキーワードは〝白黒〟だった。その日、桜井は夜中に突然目を覚ました。頭の中に、こんな想いが浮かぶ。

「〝白黒つける〟とか言うけれど、白と黒以外にも、たくさん綺麗な色があることを、みんな知ってるハズなのになぁ」(桜井)

なぜ〝白黒〟が出てきたのかというと、実はその日、他愛ない会話のなかで、〝白黒つけなきゃ〟みたいなことを誰かが言ったため、その言葉が頭の片隅に残っていたのだ。

もしかしてこの想いは、「歌詞になるのでは」と直感し、メモに残すことにする。

果たして、ただこれだけのことを、いちいちメモするだろうか？　でも彼の場合、歌詞のアイデアの出所が、他のソングライターより広範囲のようなのだ。常に歌を書こうとして暮らしているわけではないにしろ、24時間、スイッチは切っていない。面倒くさがらず、とりあえず記録しておく。このマメさも、彼の才能だ。

次の日はスタジオで作業があった。するとスタッフから、「オリンピック放送のテーマ曲の話が来ています」と告げられる。なんともタイミングがいい。桜井は夜中のメモを思い出した。〝白黒つける〟は勝ち負けを連想させる。オリンピックは0・01秒の記録を競う場でもある。ならばこのアイデアを、どうにか活かすことが出来るかもしれない。

「GIFT」は歌詞から書かれている。特徴的なのは、「～なんだろう？」という問いかけが、冒頭から連続して出てくることだ。さらに進むと、歌詞にするにも思い切りが必要そうな大きなテーマが立ちふさがる。しかもそこは、歌詞カードをみれば〝二重カギ〟で囲ってある。この歌の主人公がずっと探し求めているのは、『本当の自分』であり、『生まれた意味』であることが分かってくる。

やがてこの歌のタイトルは、より具体的なことを伝え始める。これらの謎（『本当の自分』、『生まれた意味』）を解くためのヒント……、それこそを、これからあなたに贈ろう（＝GIFT）というのである。しかし、具体的な手だてがすぐに示されるわけではなく、ただただ、〝それ〟を贈ろうという表現にとどめている。そこには簡素な指示代名詞のみがあり、あとは分からないままだ。

このあと、歌は予期せぬ展開をみせる。私たちは贈り物といえば、ある程度は畏まったものを想像する。箱に入り、リボンが掛けてあっても不思議ではないだろう。それは、今し方まで、確かにそんなふうだったかもしれない。でも、今は違う。「強く握り締め」たために「グジャグジャ」になってしまい、「色は変わり果て」ているかもしれない。なのにそれを、敢えて贈ろうというのだ。

サビになり、当初の桜井のアイデアであった〝白黒〟が登場する。このあたりは彼の最初の想いがそのまま反映された歌詞になっていて、メロディも実に滑らかだ。この滑らかさは、〝白黒〟という言葉が桜井の頭のなかで揉み込まれ、自然な形で口をついて出てきたからかもしれない。

この歌は前述の通り、NHKの北京オリンピック放送テーマ曲である。オリンピックにまつわる色といえば、まず連想するのはメダルの色。しかしこの歌は、けして「最高のメダルの色を目指して頑張ろうよ」とは歌ってこなかった。

どちらかというと、そもそも近代オリンピックが始まった、19世紀末パリの、クーベルタン男爵の考えにも共通する。

「金メダルがどれだけ輝いてても、そのこと自体に意味はないかもしれない。そこに辿り着くまでの努力や、自分を支えてくれた様々な人々との絆のなかにこそ価値があるんじゃないか？ そう考えた。だったら僕は、その〝輝き〟こそを歌いたい。そんな想いから書いたのがこの歌だった」（桜井）

実はこの「GIFT」には、メンバー全員の、バンドとしての想いが込められていた。

「この曲のセッションがはじまった時、みんなで話していたのは、今の自分たちに出来る、新たな〝終わりなき旅〟を作ることだった」（鈴木）

「終わりなき旅」といえば、アスリートからの支持が高いことで知られる曲だ。桜井は趣味のサッカーを通じ、プロのサッカー選手との交流があり、彼らの想いが、直接メンバーに届くこともあった。

プロ野球選手が打席に入る際、球場に流すテーマ曲にこの楽曲を選ぶことも多かった。他にも雑誌などで特集を組めば、様々な競技の選手からの熱いメッセージが誌面を飾ったのである。

「終わりなき旅」には［高ければ高い壁の方が 登った時気持ちいいもんな］という歌詞があり、これはまさに、アスリートの心情そのものだ。そして今回、オリンピック放送のテーマ曲を作るということで、4人の意識は、そこへと向かっていく。

果たして、結果はどうだったのだろう。「GIFT」は、新たな「終わりなき旅」となり得たのか？　しかし、あの歌のなかの〝自分探し〟は、もはやここには存在しなかった。［高ければ高い壁］のかわりに登場するのは、この歌の場合は［地平線］である。しかも、そこに辿り着いたとしても、さらに［新しい地平線が広がるだけ］と歌っているのだ。

それは虚無感などではない。むしろ逆だ。生きていくということは、つまりは命が続く限り、こうした心象の連続だということだ。彼らはこうして、この歌で、かつての壁のその向こう側の景色へと辿り着いた。この年の大晦日に、Mr.Childrenは『紅白歌合戦』に初出場を果たしている。また、2008年といえば、4月にNHKでスタートしたドラマ『バッテリー』の主題歌「少年」も担当した。NHKづいていた一年ともいえるかもしれない。

2008年には、ロングヒットを記録する更なる名曲が生まれている。「HANABI」だ。リリースは、「GIFT」から約1カ月後の9月3日。前作がMr.Childrenのファン層を広げたのを受け、それらの人達を、がっちり本当のファンにしてしまうようなキャッチィな魅力に満ちていた。

もちろん従来からのファンは、彼らの作品の劣化しないクオリティの高さを誇らしく思ったものだ。フジテレビ系のドラマ『コード・ブルー―ドクターヘリ緊急救命―』の主題歌として書き下ろされたものであり、このドラマがシリーズ化し、さらに映画も大ヒット、楽曲の方もリバイバル・ヒットを繰り返してきた。まさに、ドラマとのタイアップを幸せな形で果たした作品だ。

「HANABI」という作品が生まれるまでには変遷があった。ソングライター桜井和寿のなかには葛藤もあった。そもそも、彼らが新たな作品をレコーディングし始めたからといって、必ずしも総てが日の目をみるとは限らない。実はこのとき取りかかっていたものも、全員の納得が得られず、お蔵入りになりかけていた。

それと時を同じくして、桜井は桜井で、あることに熱中し始める。新たにアコースティック・ギターを購入し、ジェイムス・テイラーのライブ・ベスト・アルバム『ワン・マン・バンド』を参考にしつつ、練習に励んでいたのだ。プロとして充分すぎる実績を築いていた彼だが、改めてギターの練習に励むというのだから、殊勝な心構えと言えよう。だがそれは、初心に返るようでいて、この努力こそが次への原動力となっていた。お蔵入りになりかけていた曲を、思いがけない形で蘇らせたのだ。

あくまで最初は、ギターの練習でしかなかった。ジェイムス・テイラーの作品で、特に好きだったのは「ネバー・ダイ・ヤング」であり、この曲をアルペジオで爪弾きつつ、この奏法のポイントでもある、澱みない音の流れに注力していた。やがて、コピーだけでは飽き足りなくなり、本来メジャー・コードのところをマイナーに転換し、試しに弾いてみた。いい感じだ。

既にこの時点で、原曲からは離れつつあり、オリジナリティの萌芽が、彼のすぐそばまでやってきていた。とはいえ、これだけではあくまで、些細なフラッシュ・アイデアに過ぎない。

その時、いったんお蔵入りになりかけていた曲が思い出された。今しがた、メジャー・コードをマイナー展開したフレーズと繋げれば、曲が新たに輝き始めるかもしれない。ジェイムス・テイラー由来のフレーズは、イントロに加えることにする。このアイデアを携え、桜井はスタジオへと出掛けてゆく。

さっそくメンバーに聴いてもらい、依頼が来ていたドラマ『コード・ブルー－ドクターヘリ緊急救命－』の主題歌として完成させていく。それまで4人を躊躇《ちゆうちよ》させていた、この曲に足りなかった何かが、新たなイントロによって補われ、レコーディングは再び、順調に進み始める。ところが、「なんかちょっと、納得いかなかった」（桜井）。ここで再び、桜井は躊躇《ためら》う。いったいなぜなのか。

改めて、この作品がドクターヘリに従事する主人公たちの物語であることを、思い返してしまったのだ。それはまさに、一分一秒が生死を分けてしまう緊迫の連続だろう。そんな内容のドラマであることを思い浮かべたら、物足りないと思ってしまった。そして新たに、Aメロから作り直したのである。Bメロも出来てきて、サビも出来た。書き直す際に桜井が留意したのは、緊迫感と、それを支える情熱や誠実さである。
「それらをイメージしつつ、まったく新たにメロディを浮かべてみたつもりだった。ところが、ふと気づくと、自分が家でジェイムス・テイラーをヒントに考えた当初のイントロが、書き直したメロディのBメロに収まっていた」（桜井）
これはまだ歌詞がない段階の話だ。
「でもその時からこのBメロは、普段の自分ならまずやらない口の開き方をしている。もしかしてこれは、〝そうだ、ここのところずっとコピーして歌ってた、ジェイムス・テイラーが降りてきてたんだ！〟って気がついた」（桜井）

「HANABI」を聴いた誰もが魅了されるのが、サビで繰り返される「もう一回　もう一回」のフレーズではなかろうか。このフレーズは、もう一回どころか4回も繰り返される。
「当時、よく取材の時に訊かれた。〝あの部分はどうやってつくったんですか？〟って。でも、意識してこの言葉を選んだというより、このメロディ自体、〝もう一回　もう一回〟と歌うために生まれてきたところがあったから、躊躇なくこの歌詞にした」（桜井）
通常、1番のサビはそうしても、2番では変化をつけるものだが、2番も3番も、さらにエンディングも、ずっと律儀にこの歌詞は繰り返されていく。実はこの部分は、聴いてくれている人達への「誘い」であり「促し」の言葉なのだ。

ライブでステージと客席が一体になろうとする時、送り手は受け手に対して、まさに誘い、促す。歌詞とは別に、実際に「さぁ一緒に！」などの言葉をそえることも多い。しかしこの曲は、それもダブルで含んで歌詞として成立している。このあたりは奇跡の成功例と言える。

それでいてこの「もう一回　もう一回」は、聴き手を客観的にもさせる。「HANABI」という歌から受け取った感情が、このフレーズとともに、聴き終わったあとも脳にリフレインしていく。瞼を閉じればずっと消えない、夜空の花火の残像のように。

さらにもうひとつ、彼らがこの歌に加えたちょっとした仕掛けがある。ずっとMr.Childrenを聴き続けてくれた人達に対する、感謝の気持ちだ。サビ前のところで、少しタメを効かせて、〝♪トトテ　トゥテテ〟と弾みをつける部分があって、非常にいいアクセントとなっている。

「ここはみなさんが、〝名もなき詩〟のことを思い起こしてくれたらな、ということで、敢えて加えてみた」（桜井）

この曲のレコーディングに際しては、気分を変えるため、いつものスタジオを出て、渋谷の東急文化村スタジオが使用された。スタジオが違えば楽器の鳴り方も違ってくる。それはメンバーにとって、実にいい刺激にもなった。

「GIFT」と「HANABI」が収録されている『SUPERMARKET FANTASY』は、同年12月のリリースだ。実にカラフルな作品集となった。このアルバムの特徴を、彼らはこんなふうに説明した。

「バンド・ブーム以降、アーティスト自身が何を考え、何を想うかがテーマになったところもあったけど、それに較べたらこのアルバムは、80年代的なポップソングの作り方にも似てた。作曲家がいて、アレンジャーがいて、リスナーが楽しむための確かなものとして音楽が作られていた、あの時代に近かった」（桜井）

とはいえレコーディングにおいて、最後の最後まで歌詞が想い浮かばない曲があった。「エソラ」だ。ではどのように誕生したのか。

レコーディングもまさに終盤。ジャケット・デザインを担当した森本千絵から、数案が届く。

「それはどれも、とても明るくポップなものだった。〝そうか、このアルバムはそういう印象なのか？〟と思った。だったら、その世界観を具現化するには、どんな言葉がいいのだろうって考えつつ、歌詞を書いた」（桜井）

頭の中に、そんなコンセプトが芽ばえ、さっそく作業に取りかかっていく。しかし実際の作業としては、既に完成していたオケに反応するかのように書いた。

「アレンジがもっているキラキラした感じに言葉をすべて寄せていった。この歌の2番の

［天気予報によれば　夕方からの］［心さえ乾いてなければ　どんな景色も宝石に変わる］などは、まさにそこに鳴っていたサウンドに寄せたら、自然に出てきた言葉だった」（桜井）

「エソラ」は、当初のキーよりも、敢えて下げた形でレコーディングされている。渾身のシャウトというのも伝えるための方法論となるが、この場合、大きく息を吸い、大きく息を吐き、酸素が体に満ちているからこそ働く五感が必要だった。それがあってこそ、キラキラと輝く360度の景色を引き連れていけるのだ。その判断から取られた措置だった。

さらに特徴的なのは、サビの部分だろう。〝ロック・ミー・ベイビー〟などという歌詞は、あまり普段の彼らとは結びつかない。それよりも、革ジャン・リーゼント寄りの表現に思える。実は、これらは彼らが演奏しているのではない。主人公たちが、歌のなかで聴いている〝別のアーティストの歌〟……。そう解釈するのが妥当なようだ。

もちろん彼らは、ライブでの演奏も想定していたのだろう。ここを思い切り、客席と共に歌いたい。まもなく、ツアーのスタートとともに、全国でそうした光景が見られることとなる。しかも、新曲でありながらも、ひときわ会場を盛り上げたのが「エソラ」だった。

まるで何年もライブでやり続け、オーディエンスとの約束事も固まったかのような盛り上がりが、いきなり初見で訪れた。それはこの曲の持つ、根っからの〝ノリの良さ〟あってのことだろう。

２００９年のMr.Childrenは、前年12月にリリースされた『SUPERMARKET FANTASY』を引っ提げたツアーを敢行し、80万人という破格の動員を果たす。アルバム自体も１５０万枚のセールスを達成し、トップ・バンドとしての実力を数字でも証明した。

しかし、かつて『Atomic Heart』のあとに『深海』があったように、好況に甘えず、敢えてそこで、見知らぬ渦へと舵を切るのが彼らのやり方だ。

そして、あまり馴染みのないこの言葉が聴こえてくる。「Split the Difference」。日本語に訳すなら、「歩み寄る」、「中間を取る」。いったい彼らは、何をやろうとしたのだろうか。いま振り返れば、苦肉の策でもあった。２００９年のツアー終了後、桜井は次のアルバムへ向けての作品を準備し始める。

「アレンジも含め、数曲できていた。でも、どういうアルバムにすれば自分たちにとってもリスナーにとっても新鮮なものになるのか、そのあたりの自信がなかった」（桜井）

ここでいったん、ダイレクトに次のアルバムへ向かうのではなく、それこそ今の自分たちにとって、「何が新鮮なのか？」を考えた。それが、「Split the Difference」の構想へと発展する。

２０１０年１月下旬。４人と小林は、新たな年の活動方針を話しあう。桜井が生んだ新曲も、スタジオで音合わせが始まっていた。しかしアウトプットに関しては、何も決めなかった。アルバムを作ってツアーをやるという、いつものルーティンとは違う何かも模索したが、「まずやってみたのは、新しいものを作るというより、ともかくバンドで音を出してみることだった」（桜井）。

それがその後に跳ね返るかもしれない。でも、どんな打ち出し方になっても対応できるよう、様々な準備は怠らなかった。そのひとつは、その時期の行動のすべてを映像にも収めていくこと。これにしても、具体的な目標はなかった。彼らのもとに、仰々しいカメラ・クルーが参じることもなく、撮影はスタッフで手分けした。

2月も下旬に向かおうという時、とつぜん桜井が、「ムチャクチャなこと提案してもいいでしょうか？」と切り出す。〝ムチャクチャ〟と言いつつ、彼の顔はニコニコしていた。どんな提案かというと、いつもは部外者が立ち入らないレコーディング・スタジオに、近しい友人・知人を招き「パーティーを開く」。彼らにはオーディエンスにもなってもらい、そのままスタジオで「ライブ・レコーディングする」というものだった。

みんなが賛同し、準備が始まる。ライブ・レコーディングといっても、新曲を揃えるわけではなくて、これまでの作品から20曲余りを選んだ。しばらく演奏してない曲や、アルバムには収録されているが、ツアーでやらなかった曲も含まれている。

「しばらくやってなかった曲には、やらなくなった理由があったんだと思う。それぞれの

曲には、作った時の僕らの〝思い入れ〟があって、でも時間が経てば、自分たちのスタンスも変化する」（桜井）

やらなくなった理由は、つまりそれだ。

「でも、改めてそれらの曲とも向き合ってみた。すると、今の自分たちならリアルに演《や》れそうなものも多かった」（桜井）

実はこの話、当時の桜井は、もっと柔らかな言い方もしていた。

「要は、〝新しい服〟を買う前に、箪笥の中のものを引っ張りだしてみたってことだと思う。そのなかには、ちょっと直すだけで今の自分たちにピッタリなものもあった。もちろん、そのまま〝着て〟も充分イケてるものも」（桜井）

3月26日。よく晴れた日の夕刻過ぎ。いよいよスタジオ・ライブ・レコーディングの初回が開催された。場所は、彼らがホームグラウンドにしている都内の「OORONG RECORDING STUDIO」だ。辺りにはオフィス・ビルやマンションなどが建ち、ごく普通の街並みの中、このスタジオは存在する。入り口は簡素な佇まいで、駐車スペースの奥にひっそりとある。

しかし普段と違うのは、ドアを開けてすぐのところに、ゲストを迎えるための芳名帳が置かれたことだ。そこにサインしたゲスト達は、シルバーに光る階段から2階へ上がっていく。そこがパーティー会場だ。この建物のなかで一番広いスペースであり、普段は打ち合わせや取材など、さまざまに利用されている。

みんなグラスを片手に友人知人をみつけ、お喋りしている。その中に今宵のホスト役であるメンバーの姿も混ざっていた。ほどよくリラックスしたところで、いよいよスタジオへ。ライブの始まりだ。

レコーディング・スタジオは、建物の1階部分を占めていた。さほど幅のない廊下を進むと、正面左にメンバーが寛ぐラウンジが見えてくる。レコーディング・スタジオの中というのは、どうしても真剣勝負の張りつめた空気になる。ここは彼らにとって、息抜きのための大切なスペースで、軽食を取ったりすることもある。時には、冗談の言い合いから、真剣な話し合いになることもある。この日はスタジオ・ライブの出演者たちの控室として使われた。

このラウンジを背にして正面には、分厚いドアがある。横に伸びた大きなドアノブを操作し、開ければその内部がスタジオである。物々しい雰囲気であり、そのせいか、ここから先は、少し気圧が変化したような錯覚に陥る。

毎回30人から50人ほどのゲストが招かれたのが、コントロール・ルームと呼ばれるスペースだ。音の調整をするミキサー卓や様々な機器が備わっている。

ここを統括するのが、Mr.Childrenとはデビューからの関わりであるエンジニアの今井邦彦だ。彼はミキサー卓から、その正面に位置するスタジオをみつめている。けして見通しがいいわけじゃない。あまりオープンにしても、スタジオの中の演奏者が集中力を保てないからなのだろう。

とはいえメンバーや小林の姿は確認できる。ただ、その同じ場所に鈴木はいない。彼はドラムという楽器の特性上、さらに右側のドラム・ブースと呼ばれる専用の小部屋に陣取っているのだ。同じ場所で叩くと、音が廻って他の楽器と干渉し合ってしまうための処置である。

もうひとつ、いつもと違う点がある。ボーカルに関しては、通常ならスタジオに入ってすぐ左側にある、ボーカル・ブースが録音場所となる。しかしこの日の桜井は、バンドと同じ場所で歌うのだ。そんな彼の簡単な挨拶から、ライブはスタートした。演奏は、ミキサー卓の前方のモニター・スピーカーから聴こえてくる。

オープニングは「SUNRISE」。アルバム『HOME』に収録されていたが、ライブで一度も演奏されたことはなかった。さきほどの桜井の洋服の例えじゃないが、一度も袖を通していないシャツを着込んでみるのが「Split the Difference」の精神で、早くもそれが発揮されたということ。

1曲終わるとゲストが拍手し、その音が拾われて、メンバーのいる場所へ届けられる。

オリジナルとは印象の違う作品もある。「ニシエヒガシエ」は、もともとアレンジの骨子であった16ビートのギター・カッティングをいったん捨て去ることで大胆に再構築された。「横断歩道を渡る人たち」に関しては、印象が違うどころか豹変だ。横断歩道を渡る人たちを愛車の座席から傍観するのがオリジナルなら、実に躍動的になった。まるで主人公が、未来へ掛かる横断歩道を駆け抜け、浮力を得て舞い上がるかのような構成へと進展した。

ここまでくると、新たな〝オリジナリティ〟の創出といえる。ならば記録する価値が充分にある。このスタジオ・ライブ・レコーディングの意義が、徐々に分かっていく。

3月26日に1回目が開催されたあと、4月3日に2回目が行われた。ここからはストリングスも加わる。初回との変更点は、まずゲストに演奏を聴いてもらい、そのあとでパーティー・タイムを設けたことだ。そのほうが演奏しやすい、というのが理由だ。でもこれは、考えてみれば当然のことだろう。先にパーティーをやるということは、〝打ち上げ〟をやってからステージに立つようなものだからだ。

4月13日の3回目では、さらにゲスト・ボーカルも参加した。スガシカオとSalyuだ。スガが招かれたのは、もともとメンバーと交流が深かったこともあるが、決め手は「ファスナー」という楽曲にあった。桜井が「この曲にはスガさんの遺伝子が入っている」と公言するくらい、スガにインスパイアされた楽曲だ。それを彼も交えてやってみようというのだから、なんとも興味深い試みであった。実際、いざスガが歌ってみると、まさに彼のために〝あつらえた〟ようである。

Salyuを招いての「虜」は、聴いていて鳥肌がたつような出来ばえだった。『深海』のアルバムでは、トータルななかでの1曲として役割を果たすものだったが、単体の作品として意識し直すと、ハード・ロックとゴスペルの融合のような、唯一無二の魅力を放つ。桜井の声と彼女の声が響き合うことで生まれる化学反応は強烈なものだった。その際、桜井は彼女のシャウトを受けて、リズム&ブルースの古典「男が女を愛する時」の歌詞を引用してみせた。

演奏された中には、洋楽のカバーも含まれていた。「Tomorrow never knows」のコード進行にインスパイアを与えたといわれるシンディ・ローパーの「タイム・アフター・タイム」もやったし、誰もが好きな文句なしの名曲、エルトン・ジョンの「ユア・ソング」もあった。さらにはジョン・レノンの「ジェラス・ガイ」も選ばれた。

なお、「タイム・アフター・タイム」では鈴木がコーラスを担当した。歌詞を忘れないため、タムのヘッドに直接マジックで書いて、カンペ代わりにしていたという。

この時点で、どんな手応えを得たのだろうか。

「これがレコーディングだけだったなら、〝いいテイクを残したい〟という気持ちと、音楽的に〝どれだけ面白いことが出来るのか〟ということに心が傾くけど、今回はゲストが

来てくれたことで、外に向けてパフォーマンスする気持ちも芽ばえたし、それが丁度いいバランスになったと思った」（桜井）

やがて彼らはスタジオの外へ飛び出していく。4月19日には、普段はジャズのライブが行われる「モーション・ブルー・ヨコハマ」のステージに立った。場所柄をわきまえ、メンバーはジャケット姿というシックな出で立ち。会場にはBank Bandの面々をはじめ、多くのゲストが招かれた。このとき、彼らはこれまでとテイストが違う新曲、「ロザリータ」を披露している。

さらに場所を移し、ふだんはミュージカルや芝居をやる「東京グローブ座」でも開催した。ここでは本格的な撮影も行われた。4月24日と26日の2日間。客席にはファンクラブの応募から幸運にも選ばれた４４０人が両日参加した。演奏内容は、14名のストリングスとの共演、さらにブラス・セクションとの共演と、初日・２日目で内容が分かれた。

映像作品にして劇場公開するアイデアは、途中から出てきたものだった。その『Mr.Children/Split The Difference』は9月に2週間限定で劇場公開されている。実はファンの間では、２０１０年のMr.Childrenに対する渇望も起きていた。それもあり、映画の興行としても大ヒットとなる。

見終わって改めて、このバンドに息づく音楽に対する真摯な姿勢、愛情が伝わってきた。

映画の中核をなすレパートリーは、「SUNRISE」「Another Mind」「Surrender」「ファスナー」「虜」といった曲である。シブめの選曲とも言えただろう。だからこそ、ヒット・シングルのようには世の中に消費されていない、彼らのホンネに近い真っ直ぐな熱量が届いてくるとも言えた。特に初期の作品である「Another Mind」は、改めてここで、時代と新たにリンクし直して響くかのようだった。

エンドロールの際、唯一の新曲「Forever」が流れてきた。この曲は、映画のドキュメンタリー部分における彼らのスタジオ作業のなかで、見え隠れしていた存在でもあった。それが完成し、エンドロールで流されるという粋な構成だ。今後への布石となる曲でもある。

映画はさっそくＤＶＤでもリリースされたが、その際、わざわざ「音楽ドキュメンタリー『Split The Difference』〝完全版〟（ＤＶＤ＋ＣＤ）のリリース！」とアナウンスされた。〝完全版〟なのは、映像のみならず、選曲が異なる音のみのＣＤも同梱されていたからだ。実は、当初メンバーが目指したのは、あくまで〝スタジオ・ライブ・レコーディング〟であり、映画は副産物と言えた。

このＣＤの音源は、通常のスタジオ・レコーディングより音が無防備に生々しい。レコーディングでありつつライブであるという「Split the Difference」の精神は、このＣＤにこそ息づいていたのかもしれない。

2010～2012
擬態

擬態

ビハインドから始まった
今日も同じスコアに終わった
ディスカウントして山のように
積まれてく夢の遺灰だ

あたかもすぐ打ち解けそうに親しげな笑顔を見せて
幽霊船の彼方に明日《あした》が霞んでく

アスファルトを飛び跳ねる
トビウオに擬態して
血を流し　それでも遠く伸びて
必然を　偶然を
すべて自分のものにできたなら
現在《いま》を越えて行けるのに。。。

相棒は真逆のセンスと真逆の趣味を持って

アリキタリなことを嫌った
なんかそれがうらやましかった

ムキになって洗った手に
こびりついてる真っ赤な血
いつか殺《あや》めた自分にうなされ目覚める

〝効きます〟と謳われたあらゆるサプリメントは
胃の中で泡《あぶく》になって消えた
デマカセを　真実を
すべて自分のもんにできたなら
もっと綺麗でいれるのに。。。

富を得た者はそうでない者より
満たされてるって思ってるの!?
障害を持つ者はそうでない者より
不自由だって誰が決めんの!?
目じゃないとこ
耳じゃないどこかを使って見聞きをしなければ

見落としてしまう
何かに擬態したものばかり

今にも手を差し出しそうに優しげな笑顔を見せて
水平線の彼方に希望は浮かんでる

アスファルトを飛び跳ねる
トビウオに擬態して
血を流し　それでも遠く伸びて
出鱈目を　誠実を
すべて自分のもんにできたなら
もっと強くなれるのに。。。
現在《いま》を越えて行けるのに。。。

2010 - 2012 「擬態」

彼らから、その後の音沙汰はなかった。我々は映画やＤＶＤに満足しつつ、腑に落ちない点もあった。新曲は作っているはずだ。それをどうアウトプットしようというのか。

前作『SUPERMARKET FANTASY』のリリースは２００８年12月だったので、そろそろ2年が経とうとしていた。しかし、年内の新作はないだろう。そう多くの人が思っていた矢先、嬉しい知らせが届く。ザトウクジラのブリーチング（大ジャンプ）を捉えたニューアルバムのイメージ告知が、日本中に発信された。頻繁に流れたＴＶスポットには、聴き慣れない新曲の一節に続いて、「３６５日」、「fanfare」が流れていた。やがて『SENSE』というアルバム・タイトルと、２０１０年12月1日というリリース日時の告知もあった。

通常、アルバムを出す場合は、数カ月前から各メディアでプロモーションが展開される。メンバーがインタビューに答えたり、様々な音楽関連番組に登場したりもする。しかし今回、それらは一切なかった。それどころか、アルバム・タイトルすら、直前まで告知されなかったのだ。この〝異常事態〟は様々な憶測を生む。レコード会社との関係が上手くいってないから、とか、彼らがプロモーションに疲れてしまったから、とか。

実際には、「先入観なくアルバムを受け取ってほしい」という、純粋な気持ちからであり、それを徹底しただけだった。

「先入観なく」というのは、どんなアーティストも願うことかもしれない。しかし実際のところ、実行するのは難しい。ただ振り返れば、思い当たるフシもあった。かつて桜井は、こんな発言をしたことがある。

「覆面アーティストに憧れる。Mr.Childrenというイメージや、〝桜井和寿〟という風体に影響されることなく、ただただ音楽だけを伝えられたらいいのに」(桜井)

最低限の情報が伝わったあとも、そこから何か、さらなる手がかりが与えられたわけではなかった。アルバムタイトル『SENSE』に関する解説など、一切のインフォメーションはナシ。まさに今回は、ひとりひとりが自分の〝センス〟で受け取って欲しい、というわけだ。

「365日」がCMで流れ、映画版『ONE PIECE』の主題歌「fanfare」が配信リリースされていたとはいえ、アルバムに収録されたのは、すべて初CD化のものである。これはデビュー作の『EVERYTHING』以来でもある。なので、そもそも先入観など、持ちようがなかったのだ。

そもそも「Split The Difference」は、次のアルバムに対するイメージが、確固たるものでなかったが故に取られた方策だった。その後、どのようにして、ニューアルバムへ辿り着いたのか?

「それは、〝I〟、〝擬態〟、〝ロックンロールは生きている〟など、これらの曲が出来たことだ。この3曲がアルバムに加われば、自分たちもリスナーも、新鮮に思えるものになるだろうと思った」（桜井）

なかでもアルバム冒頭に収められることとなったのが「I」だ。明快さより、あえて倦怠感を届けるコードの響きとともに、「もういいでしょう!?」と歌いかけるこの曲は、オープニングでいきなり聴き手を突き放すようなところがある。桜井の歌声も頼りげないヨレた感覚を醸しだすかのようであり、バンドの演奏も『深海』の頃を彷彿とさせるヘヴィさをたたえていた。

結果として「I」は、彼らの望むとおり、アルバムを先入観なく聴き始めるための道先案内に適任だった。歌詞の内容にしても、リスナーをぎりぎりまで追い詰める内容だったが、続いて聴こえてきた「擬態」は、突き放すのではなく〝結束のための歌〟に思えた。いやがおうにも、ライブでの盛り上がりを期待してしまう。アルバムを告知するスポットでも流れていたサビの部分「アスファルトを飛び跳ねる」のところは、ぜひメンバーとともに大合唱したくなる。

この曲は、Salyu に提供するために書かれた作品だったという。伸びのある高い声で歌えば似合いそうなサビは、そんな設計ゆえである。しかし、「そのうち、人に提供するのではなく、自分たちで歌いたいと思うようになった」（桜井）。

そしてMr.Childrenの楽曲としてレコーディングされることになる。

「擬態」というタイトルは、まずポップソングには見かけないものだ。

「伊集院光さんのラジオが好きで、よく聴いていたんだけど、ある時、番組で〝『擬態する昆虫』というDVDが面白い〟って言ってたのが印象深かった。〝擬態〟、なぁ。キッカケといっても、それだけのことだった」（桜井）

この歌には、［デマカセ］と［真実］という、相反する言葉が並んでいたりする。

「歌詞の脈略より、その人なりの〝感覚〟で聴いて欲しくて書いた。そもそも『SENSE』というアルバム自体、そんなとこがある」（桜井）

とはいえ、つい言葉にこだわりたい部分もある。［障害を持つ者はそうでない者より不自由だって誰が決めんの!?］と、ハッキリ歌われているからだ。

このモノの見方は、ノーベル経済学賞を受賞したインドの学者、アマルティア・センの言う「衡平」の概念にも通じるものと受け取れる。ハンデのある者とそうでない者、という見方ではなく、「そもそも人間は多様な生き物なのだ」という柔らかな眼差しからの出発である。そんな想いや主張が、このフレーズから伝わってくる。

改めて、「擬態」とはどんな作品だったのだろうか。『SENSE』のリリース時には取材に応じなかった桜井が、あれから10年の時を経て応えてくれた。

「例えば〝エソラ〟がサウンドに寄せた歌詞なのだとしたら、〝擬態〟は文学に寄せて書いている。しかも、メロディのポップさを感じさせないように、故意に意味不明にしている部分もある。フレーズのひとつひとつは具体的であって、聴いてくれる人達の耳にひっかかるんだけど、歌全体で届けようとしていることは、イメージしづらいというか」（桜井）

もしこれをファンタジーと受けとめる人がいるなら、それも構わないという。

「その姿を相当借りりつつ、現実を吐露している歌かもしれない」（桜井）

既に配信シングルとして届けられていた「fanfare」は、ＣＤでは音の質感が異なっていた。バンド・サウンドとしての印象を、より強固にしたリミックスがなされていたのだ。「箒星」もそうだが、この曲も、バンドを新たな段階へと押し上げたナンバーだ。表現が、よりワイドになっている。『ONE PIECE』の主題歌を担当することは、この物語を愛読していた鈴木や中川にとって、実に高揚する経験となった。

原作者であり、映画化においても総指揮をとった、尾田栄一郎じきじきの依頼である。その熱意はすぐに桜井に伝わった。

「頂いた手紙を読んだ瞬間、曲のギター・リフが浮かんできた。そして、主人公ルフィをイメージしたのが、曲の冒頭のシャウトだった」（桜井）

終始よどみないエネルギーを奔出《ほんしゅつ》させるこの曲は、原作との関わりも深いようだ。

この時期の彼らは、まさに主人公モンキー・D・ルフィと仲間たちのように、まだ見ぬ夢を求め、荒海へと漕ぎだすかのようだった。4人が求めたのは、更なる〝新鮮さ〟だったが、それも見せ掛けでは、すぐに見破られてしまうということを彼らは知っていた。だから徹底してみたのだ。

既に4人の関係性は、友情などというくすぐったい段階は越え、大人同士の契約のうえで成熟したものへと育っていた。では彼らから、〝Children〟の部分が消えてしまったのかというと、けしてそうではない。そうでなければ、スタジオに友人・知人のゲストを招き、ライブ・レコーディングしようなどと、普通は考えないだろう。彼らの茶目っ気は、健在だということだ。

2011年3月11日に発生した東日本大震災は、アーティスト達にも、大きな衝撃を与えた。普段は音楽で人々に喜びを与えていた彼らだが、困難に際し、「いったい音楽に何が出来るのか?」と、自問自答した人も多かった。

Mr.Childrenは、どんな行動をとったのだろう。震災の3日後、メンバーは話し合いの場を設けている。そのとき、楽曲を配信し、収益を義援金にあてる案も出された。ところが、そもそもこの時期に、曲を作って人を感動させて、その結果として義援金をあつめること自体、どこか不純なことにも思え、即座に行動することはなかった。

思い悩む日々のなか、ふと、〝かぞえうた〟というフレーズが浮かぶ。それは桜井が、作曲しようと思ったものというより、誰もが郷愁とともに口ずさむ、詠み人知らずのメロディだ。その、いっさい作為的ではないきっかけがあってこそ、「かぞえうた」は生まれている。

曲を思いたち、形にしようとしたのは、桜井が大阪のホテルに避難のかたちで滞在していた時であり、手元にギターもなにもなく、それを周辺で調達しての作業となった。結局、この曲は4月4日に配信限定シングルとしてリリースされ、その収益は「ap bank」の基金「ap bank Fund for Japan」へと寄付された。7月には『ap bank fes '11 Fund for Japan』への出演も果たしている。

桜井が「かぞえうた」のリリースにあたり、発表したコメントのなかに、こんな言葉があった。「この歌の歌詞は、何もかも失い、悲しみ苦しみに取り囲まれている状態でも、それでもやっぱり希望を探して数えていけたら……また人間にはそういう力があると信じたい。そんな希望の歌です」。〝希望を探して数えていけたら〟。この言葉は、まさにこの歌そのもののことだ。

その後も自問自答の日々を続けていた彼らが、やっと新たな作品を発表したのは、2012年4月のことである。映画『僕等がいた』の主題歌「祈り ～涙の軌道」。シングルCDのリリースは、2008年9月の「HANABI」以来、なんと3年7カ月ぶりである。

シングルのリリースと前後して、『MR.CHILDREN TOUR POPSAURUS 2012』もスタートしている。このツアーは、結成20周年を記念してのものであり、翌月には『Mr.Children 2001－2005〈micro〉』『Mr.Children 2005－2010〈macro〉』という、2作のベスト・アルバムもリリースされている。

ライブのスタイルも、徐々に変化を遂げていった。「観客との強い繫がりこそが音楽活動の糧になる」ということを、これまで以上にはっきりと意識し始めたのがこの頃だという。

「歌を書くときに、お客さんの顔を浮かべて、この歌詞をみんなが歌ってくれたらいいのになと、そんな想いが強くなっていた時期だし、〝エソラ〟や〝擬態〟などは、まさにそうだった。よりみんなと強く繫がる〝ツールとしての楽曲〟を欲していたというか」（桜井）

では7月に配信シングルとしてリリースされた「hypnosis」はどうなのだろうか。実はこの作品も、ライブを意識していたといえばそうなのである。

「よくロック・バンドが、ノリのいい曲をつづけたあと、ふと演奏するバラードというのがある。この曲は、ライブのそんな場面を想像しつつ作ったものだった」（桜井）

まるで降り注いでくるかのようなサビへと向かうこの作品のメロディ・ラインは、そんな情景を思い浮かべたからこそ、生まれたというわけだ。なお、このタイトルからピンク・フロイドなどのアート・デザインで知られるイギリスのデザイン・チームを思い浮かべる人もいるかもしれないが、スペルは違う。

アルバム・レコーディングの終盤、桜井はギターを購入する。オレンジ色のフェンダーのアコースティック・ギターだ。アルバム・タイトルにもひっかけての選択ではあったが、彼はこのギターに、「いまは爽やかなオレンジ色に、情熱と血なまぐささを加えるんだ」と呟きつつ、マニキュアでペイントするのである。そしてこの世界に一台のギターは、アルバムを象徴するものにもなっていく。

「あとから振り返れば、当時は何かをしていなければいたたまれない気分だった。ギターに何かを象徴させるとかではなく、とりあえずは、ただただ手を動かしていたかったというか」（桜井）

この曲を含む約2年ぶりのアルバム『[(an imitation) blood orange]』がリリースされるのは、11月のことである。しかし依然、東日本大震災が大きな影を落としていた。それはアルバム全体の作風にも影響を及ぼした。

「以前の自分なら、歌でポジティヴなことを伝えるため、敢えてそこにネガティヴな要素を置いてたんだと思う。そして、〝こんなネガがあっても、それをポジに変えていくんだ！〟という、その振り幅をエネルギーに変えていた。でも、このアルバムを作っていた頃は、どうしても人々の心に震災というネガがあった。なので敢えて、今回はネガを盛り込むことはしなかったんだと思う」（桜井）

確かに『[(an imitation) blood orange]』には、ポジティヴな作品が多い。典型的なのは「pieces」だろう。心に欠落した部分があったなら、人はそれを、なんとか埋めようとし、もがく。しかしこの歌は、むしろこんな提案をする。それは埋めなくてはならない〝空白〟などではなく、夢を描くための〝余白〟なのだと。Mr.Childrenの数《あま》多《た》の楽曲の中でも、こんなにポジティヴな歌には、なかなか巡りあえない。

さらにアルバムを象徴するのが「イミテーションの木」だ。この曲には、どこか「彩り」を思い起こさせるところもある。人生における己の〝在り方〟に触れていて、さらにそこには〝すべてのものは循環していく〟という考え方があった。

桜井の作品には、1番のAメロの歌いだしからいきなり新鮮なものが多いが、この歌もそうだろう。[導火線の火が　シュって]。文字としてただ読むとゴツゴツとも響くこの表現が、実にメロディアスに聴こえてくる。

なお、まったく新たなテイストと思われるのが9曲目の「過去と未来と交信する男」ではなかろうか。〝交信する男〟とは誰なのか。

「それは、ひとつの曲のなかにポジとネガを並べていたこれまでの自分を、さらに俯瞰で眺める、〝もう一人の自分〟かもしれない」（桜井）

2012年12月から2013年6月まで開催された『Mr.Children［(an imitation) blood orange］Tour』では、この曲がオープニングに選ばれた。ステージ中央の水晶玉を囲み、ローブを纏《まと》った3人の男が回転し始めるという、度肝を抜く演出であった。そのなかの一人が桜井であり、他の2人は2体のマネキン。観客は、一瞬、何が始まろうとしているのか理解できなかった。しかしスクリーンの映像が詳細を映し始め、ローブのフードのなかで動く口元を捉える。歌っているのはもちろん桜井だ。このインパクトに溢れた演出には理由があった。

「そもそも曲を書くことは、占い師の仕事に似ている。誰もが悩みや迷いを抱えてて、だから僕は、歌を聴いてくれる、僕と向き合ってくれる人達に対して、〝もう大丈夫ですよ〟と言ってあげようとする。ずっと悩み続け、ずっと迷い続けて生きるのも難しい。いつかその想いも晴れる。それを知っているからこそ、この歌で［安らいだ未来が見えます］と歌ってあげられるところもある。もしかしたらこれは、言葉はキツいけど、詐欺のようなものかもしれない。そんな〝過去と未来と交信する男〟を、また別の場所から眺めつつ、僕はこの歌をうたっている」（桜井）

このツアーでは、常にファンに刺激を与えようとする彼らの姿勢が目立ったが、震災以降に抱えた命題、エンターテインメントの在るべき姿という、そのことへの問い直しも、垣間みられた内容となった。

「Surrender」では、ギターの田原が桜井のボーカルに合わせてサビの追っかけコーラスを歌った。会場のファンにとって、非常に印象的な場面にもなった。田原のコーラスは、アマチュア時代なら珍しくはなかった。しかし、プロになってからは表立って披露されてはいない。いわばそれは、もともと4人のなかにあったものの〝掘り起こし〟でもあった。彼ら4人と小林武史による5人のリレーションシップが、新たに鮮やかなバンド観のもとで輝きだしたとも言えた。

さらにその先のことを、彼らはどう考えていたのだろう？　それは、〝過去と未来と交信する男〟をしても予測不能だったのだ。

2013~2015

足音~Be Strong

足音～Be Strong

新しい靴を履いた日は　それだけで世界が違って見えた
昨日までと違った自分の足音が　どこか嬉しくて
あてもなく隣の町まで　何も考えずしばらく歩いて
「こんなことも最近はしてなかったな…」って　ぼんやり思った

舗装された道を選んで歩いていくだけ
そんな日々
だけど　もうやめたいんだ
今日はそんな気がしてる

夢見てた未来は
それほど離れちゃいない
また一歩　次の一歩　足音を踏み鳴らせ！
時には灯りのない
寂しい夜が来たって
この足音を聞いてる　誰かがきっといる

疲れて歩けないんなら　立ち止まってしがみついていれば
地球は回っていって　きっといい方向へ　僕らを運んでくれる

どんな人にだって心折れそうな日はある

「もうダメだ」って思えてきても大丈夫
もっと強くなっていける

今という時代は
言うほど悪くはない
また一歩　次の一歩　靴紐を結び直して
喜びを分かち合い
弱さを補い合い
大切な誰かと歩いていけるなら

もう怖がんないで　怯《ひる》まないで　失敗なんかしたっていい
拒まないで　歪めないで　巻き起こってる
すべてのことを真っ直ぐに受け止めたい

夢見てた未来は
それほど離れちゃいない
また一歩　次の一歩　足音を踏み鳴らせ！
例えば雨雲が
目の前を覆ったって
また日差しを探して歩き出そう
時には灯りのない
孤独な夜が来たって

この足音を聞いてる　誰かがきっといる

音楽を創り、奏でる以外、彼らは口を閉ざすようになっていく。作品を発表しても、説明することはしなくなった。何の先入観もなく聴いてもらい、その時、それぞれのリスナーの心のなかに浮かんだ景色こそが一番尊いもの。そう言わんばかりに、メディアに対応しなくなる。

しかし2014年11月に「足音～Be Strong」がリリースされるあたりから、状況が変化する。公式なインタビューにも再び応じはじめたのだ。彼らにとって、初のセルフ・プロデュース作品だったこともあったろう。それまでは、小林がもたらす客観性、豊かな経験が、作品に風を通し、実りあるものにすることが多かった。しかしセルフ・プロデュースになり、事務所の体制も変わる。それまで所属していた「OORONG-SHA（烏龍舎）」から2014年5月に独立し、彼らは新事務所「エンジン」を作る。

そんな折、週刊誌などでは、プロデューサーとアーティストとの不仲説が報じられることもあった。確かに、小林とバンドは親密だったり一定の距離を設けたりしながら歩んできた。デビューからアルバム『BOLERO』までは、小林が引っ張った時期である。そのあと1年間の休みがあり、『DISCOVERY』と『Q』は、4人が4人でやれることを膨らませた。

「もしかして、〝僕らは小林さんがいないと何もできないのかなぁ？〟という、そんな不安もあったし、なので様々なことを、自分たちだけで探求したくなった時期だった」（桜井）

これは偽らざる言葉だろう。

その後、4人も大人になり、今度は自分たちから小林にお願い事をする関係になる。彼らと小林は10歳ほどの差で、親と子ほど離れているわけではないにしろ、もしこれを家族の物語とするなら、子は成長し、親から離れる……と思いきや、子が親と友達のような関係になる、といった粗筋だろうか。世の中を見渡しても、これだけの長い間、アーティストとプロデューサーの関係が続いた例はない。本当に、ない。そして遂に、もし何かの商売に例えるなら、〝暖簾分け〟となったのがこの時期だ。

プロデューサーとアーティストの不仲説を、打ち消す事実も存在した。そのひとつは、小林の事務所から、スープの冷めない距離に新事務所「エンジン」が設けられたことである。もし顔も見たくない関係であるなら、このようなことはあり得ないだろう。実際小林は、この機会に完全にMr.Childrenから離れたわけではなく、コンサート制作においては関わり続けたし、また、なにより小林と桜井は、Bank Bandの主要メンバーとして、今も活動を続けているのである。メンバー達も、ap bankが何か新たな催しをする際には、真っ先に出演を許諾している。

独立後の彼らに、どんな変化が起きたのだろうか。

「事務所が新しい体制に変わったし、そうなった理由を体現していくのが、ここからの音楽制作だった。でもそれを、自分たちもお客さんも、楽しみながらやれたらな、という想いは強かった」（田原）

4人の関係性にも、微妙な変化が現れる。

「以前なら暗黙の了解で進んでいったことも、いちいちお互いが、言葉で確認するようになった」（中川）

まとめ役としての小林に頼らず、メンバー個々にMr.Childrenをプロデュースしていく意識が高まったが故の変化だろう。話し合いのなかで、具体化していったことがある。

「実は以前から、〝未発表曲を主体にしたツアーをやりたいよね〟とは話していた。とはいえ、ただやるだけではなく、ゴールをどこにするのか決めないことには、進んでいかないことだった。しかも、いざライブをやるとなると、会場のスケジュールの都合もあった」（中川）

コンサートを開くには、会場を押さえなければならないが、人気の会場はすぐ埋まってしまう。先を見て計画する必要がある。しかも今回の場合、単にアルバムを作りツアーをやるわけではなかった。未発表曲を主体にしたツアーをやるのはいいが、それを後々、どう作品化し、通常のツアーへと繋げていくのか。それはまさに、新たな挑戦だったのだ。とはいえ、真っ先にやるべきことは変わらない。桜井が曲を書き、デモを作り、メンバーが「バンドとしての表現」へ昇華させる。4人は熱心にスタジオに通い、その作業を黙々と進めた。

「セルフ・プロデュースでやるなら、試したいことも沢山あった。でも、様々なトライをひけらかしたいわけではなかった。やっていくうち、演奏の中に4人の音の〝粒だち〟が、ハッキリ見えるものが増えていった」(鈴木)

それは自信にも繋がったし、さらなる冒険心を育みもした。

我々の耳に届いた最初の作品は、「REM」である。2013年5月に配信リリースされている。問答無用のラウド・ロックであり、張り裂けんばかりのバンドの音圧が快感だった。歌詞は桜井曰く、「夢と現実が錯綜するような世界観」である。そもそもこの曲の仮タイトルは〝Scream〟。そう、〝叫び〟だ。「REM」が先陣を切ったことには意義があった。

「日常を描いたものも、日常から遠いものも、そのあと自由にやり易かった」(桜井)

大げさに書いてしまえば、この曲はファンにとって、これからもMr.Childrenを愛するかどうかの〝踏み絵〟にもなった。

ただ、「レコーディングの最初の頃に桜井が書いてきた曲は、とても実験的なものが多く、少し不安になった」(田原)という。それがまさに「REM」であり、追い打ちをかけたのが「WALTZ」だ。タイトル通りワルツのリズムでありながら、優雅さとは真逆の沈鬱なムードに終始して、やがて狂気をも感じさせるダイナミックな展開をみせていく。

おのおのが曲を解釈する上で、確固たるビジョンを試されるようなところがあった。さらに「斜陽」は、これまでの彼らの作品とは一線を画す歌謡曲的な哀愁をたたえるメロディで、さらにリズム・セクションの細かな蠢《うごめ》きは、大滝詠一の「さらばシベリア鉄道」を彷彿させるところもあった。ただ、田原の不安はすぐに霧消することになる。

「結果的には良かった。固定観念も壊されたし、柔軟性も広がった」(田原)

この時期に生まれた作品は、他にも多彩な拡がりをみせていた。「Jewelry」なら、これは通常、ラウンジ・ジャズなどと形容される音楽性であり、ロック・バンドがレパートリーに加えることは稀だった。今回、桜井の作ったデモ・テープは、仮タイトルに凝ったものが多かったが、その代表的なものが、この「Jewelry」である。最初のタイトルは〝大野ミッシェル雄二〟だったのだ。大野雄二は、一般には「ルパン三世」の音楽で知られるジャズ・ピアニスト。そんな彼の音楽性にビートルズの「ミッシェル」の雰囲気を振りかけつつ発想したのがこの曲というわけだ。そもそもこの2曲のイメージを組み合わせようと思うこと自体、とてもユニークである。

新しい作品が次々に生まれるなかで、現実味を増したのが、中川が言っていた「未発表曲を主体にしたツアー」である。それはまず、『ファンクラブ・ツアー』として実現する（2014年9月17日〜10月9日）。

告知の際に、そうした内容のステージであることが明かされた。いくらファンクラブが対象だったとはいえ、時期的には異例のものだ。なにしろその時、Mr.Childrenはレコーディングの真っ只中だったからだ。

かつてはよく、〝レコーディング・モード〟、〝ライブ・モード〟などという分け方があった。アーティストの気分として、スタジオに籠もって集中したい時期と、ステージで発散したい時期は別々で、レコーディングが終わればスイッチが切り換わり、〝モード〟も変わると言われていた。ところがこれは、両者の垣根を取り払うものなのだ。

なぜファンクラブ・ツアーだったかというと、さすがに未発表曲が主体となると、それはアーティスト側のエゴが勝ったものになってしまう危惧もある。それでも興味深く受け止めてくれるであろう環境として、ファンクラブの人達に「甘えさせてもらった」というのが本音だった。

初日はZepp DiverCity TOKYOからスタートし、その後、福岡、名古屋、大阪、札幌と、全国のZepp 5カ所を回る旅である。それぞれのキャパは2000人から2500人で、名古屋と大阪は、連日の開催となった。しかしそれ以外は、1週間ほど日程に余裕があった。その間に、メンバーはスタジオにいたり、様々なことを話し合ったりした。結果、ツアーをしつつも新曲は、さらに磨かれていったのだ。

映像も記録した。当初はあくまで〝記録しておく〟というだけだったが、それをツアー後、劇場公開するアイデアが浮かぶ。そうすれば、見に来られなかった人達にも、自分たちの新たな歩みを感じ取ってもらえるだろう。劇場公開を見越したものとして、最終日の札幌公演を改めて収録することにした。

客席の反応は興味深いものだった。なにしろ知らない曲、初めて聴く曲ばかりだ。観客は即座に反応することはなく、まずは聴き入って、どんな世界観の歌なのか把握しようとする。それでも体は少しずつ、バンドが奏でるリズムに反応していくものだ。予定調和ではない、条件反射でもない、そんな会場内の景色だった。

場所がライブハウスということで、メンバーは初心にかえったようでもあった。アマチュア時代、彼らはライブのたびに新曲を作り、集まってくれた人達に披露した。今回のコンセプトは、まさにあの頃にも近かった。

「当時は、終了後に4人で自主制作カセットを販売したりした。このツアーは、まさにあの時代を思い出すものでもあった。さすがに今回は、終演後にメンバーが物販をすることはなかったけど」（桜井）

このツアーは新曲に耳がいきがちだったが、実は「名もなき詩」のような曲を、新たな気持ちで演奏できたことも大きな収穫となった。ライブをやりつつアレンジを固めた作品もある。「進化論」や「蜘蛛の糸」だ。このふたつに関しては、事前に桜井のデモこそあったが、バンドとしてはいっさい手をつけていなかった。それでも観客の前で演奏したのだから、大胆なことである。

いざ人前で演奏してみて、そこから改良点を探るというのは、普段なら出来ないことだ。ツアーを通じて撮影されていた映像は、LIVE FILM『Mr.Children REFLECTION』として作品化された。映画の公開は２０１５年2月からであり、さらに〝REFLECTION〟という言葉は、その後の重要なキーワードとなる。

その後、初のセルフ・プロデュース作品として11月にリリースされたのが「足音～ Be Strong」だ。歌詞の冒頭に〝新しい靴〟という言葉が置かれているのは、単なる偶然とは思えない。４人の現在進行形の想いにも受け取れる。曲のテンポは、速すぎもせず、遅すぎもせず、着実に歩を進めるような印象であり、この頃の彼らにぴったりだった。

実は「足音～ Be Strong」は、紆余曲折の極みともいえるエピソードのすえ、完成した作品だ。そもそもこの作品は「二卵性」である。創作メモによれば、この作品には双子の兄弟と呼べる、別の作品が存在するのだ。

桜井には作りかけていた〝New song〟があった。メロディがまとまりだした頃、彼は直感していた。

「もしここにトゲのある言葉をぶつけたなら、面白い存在感の曲になるかもしれない」

（桜井）

それは、仮タイトルをつけるのも早すぎる段階のものだったので、単に〝New song〟と呼んでいた。ちょうどその頃、スタッフから楽曲タイアップの話が伝えられる。フジテレビ系の新たな月9ドラマ『信長協奏曲』の主題歌という、大きな励みとなるものであった。ドラマの内容を把握した上で、歌詞を思い浮かべてみる。そしてこの曲に、ドラマのタイトルそのままに〝ノブナガ〟という仮タイトルを与える。

やがて〝ノブナガ〟は、〝Be Strong〟というタイトルで呼ばれるようになる。さらにこの時点で、違う強さの質を持つ、別バージョンが誕生する。こちらのほうは、当初思い浮かべていた〝ノブナガ〟の世界観からは離れたものだった。とはいえ、この段階ではまったく未完成である。ただ仮の歌詞のなかには、〝コンチェルト〟という言葉も登場していた。〝コンチェルト〟といえば、そう、それは〝協奏曲〟のことではないか！

おそらく、『信長協奏曲』というドラマ・タイトルからインスパイアされたからこそ、出てきたものに違いない。桜井は、無意識下でそうした作業をしていたわけだ。すでにこのデモ音源では、ストリングス・アレンジなども練られ、楽曲としての体裁は、整えられつつあった。

「このデモ音源は、けっこういけるのではないか？」。桜井のなかに、自信も芽ばえつつあった。ところがスタッフに聴かせてみたところ、「完成度はあるものの、新鮮味に欠けるのでは？」という、忌憚《きたん》ない意見が飛び出した。新鮮味に欠ける……。それは具体的なようでいて、実に漠然とした指摘でもあった。また、スタッフにしても、事務所の新体制ということで、より斬新な音楽性への渇望が増して、桜井に対する採点が、いつも以上に辛口になっていた可能性もある。

桜井は、持ち前の負けず嫌いな性格をフル稼働させ、新たな展開を試み、改良を加え、やがてスタッフに聴かせる。ところが、彼らの反応は似たりよったりで、依然、新鮮味を感じてもらえなかった。メンバーやスタッフ含め、全員一致で「これだ！」と言えるものには届かない。

遂に桜井は、頭を抱えてしまう。頭を抱え、ここまで苦労して作り上げ、自分としては自信もあった〝Be Strong〟のセカンド・バージョンを、お蔵入りさせると決めたのだ。ついに彼は、追い詰められた。これがドラマの脚本なら、いよいよ希望も尽きた、となる直前に、手を差し延べる者が現れたりするものだが、これは現実である。顔から生気も失われていく。

こうなったら、いったん諦め、一晩寝てから考えよう。しかし目覚めると、まったく別の発想から、Aメロが思い浮かんでいた。同時に、「イントロもこんな感じでどうだろう」、そんなイメージが湧く。

その日桜井は、仲間とサッカーで汗を流す予定であり、そのまま愛用のメッシ・モデルのシューズとともに、グラウンドに出掛けていった。そう、またしても、運動に出掛けたことで、さらなるミラクルが起こったのだ。サビのアイデアも浮かぶ。実に難産の末、「足音～Be Strong」は完成する。

〝Be Strong〟として作っていたが、上手くいかず、その別バージョンを作り、さらに粘りに粘った末、ひとつの作品が日の目をみようとしている。それがここまでのストーリーだ。しかし〝Be Strong〟に関しては、お蔵入りしたはずではないか？　それなのに、なぜ曲のタイトルは、「足音～Be Strong」なのだろうか。

実は、こんな繫がりがある。「足音～Be Strong」のなかで重要なメタファーとなっているのが歌詞冒頭の〝新しい靴〟であり、さらにはタイトルも、ここから発展し、〝足音〟となったはずだ。ところが、それは、〝Be Strong〟のなかに、既に存在していた世界観だったのだ。

あの歌のなかに、〝今　この靴紐を固く結び直している〟という表現が、すでにあったのである。曲は新たに作り直したが、歌詞の世界観においては、継承された部分も多かった。

「〝Be Strong〟がなかったら、こういう歌詞は書けなかった」(桜井)

だから敬意を表し、サブタイトルに加えたというわけである。

さらに、こんな希有なことも起こる。なんと、いったんお蔵入りとなった〝Be Strong〟が復活を果たした。まだこのタイトルになる前の、一番最初の〝New song〟を聴き返していた時のことだ。

「どうして聴き返していたかというと、いちばん最初に思い浮かんだメロディを、どうしても捨て去ることが出来なかったからだった」(桜井)

普通、こんなことをしても、徒労に終わることが多い。いったん創作意欲が途切れたものは、もはや追いかけず、捨て去るほうが得策だ。でも、紆余曲折のすえに「足音〜 Be Strong」を完成させたことで、彼の意識が変化する。

「ここで再び、いの一番に思い浮かべたメロディとも、フラットな気持ちで向き合える気がした」(桜井)

すると今度は、そのメロディが、まったく違う言葉を連れてくる。しかも、「足音〜 Be Strong」として完成させたものとは、真逆ともいえるほど、違う質感なのである。

いきなり浮かんだのは、〝肥大したモンスターの頭を〟という表現だった。

「なぜモンスターだったのか自分にも分からなかったけど、しばらくこの言葉とつきあっ

てみることにした」（桜井）

　ここで思い出されるのは、まっさらな気持ちで〝New song〟を作り始めた時のこと。「もしここにトゲのある言葉をぶつけたなら、面白い存在感の曲になるかもしれない」と、あのときはそう直感したものだ。ところがドラマ『信長協奏曲』の主題歌というタイアップに恵まれたこともあって、この直感を実行することはなかった。

　ところが〝肥大したモンスターの頭を〟とは、まさに〝トゲのある言葉〟そのものではないか。ここでようやく、このメロディが初めて降ってきた時、いちばん最初に頭に浮かんだ直感が、実行されたというわけだ。〝New song〟が〝ノブナガ〟となり、いったん完成させた段階では、Aメロをこう歌っていた。［飛び出した夢のカケラを　ひとつずつ拾い集める］。

　結局、〝ノブナガ〟としては完成しなかったものの、のちの「足音～Be Strong」へと発展しそうなフレーズといえる。しかし、改めて〝New song〟のメロディを聴き直し、〝モンスター〟が登場したあとは、こう変貌した。［肥大したモンスターの頭を　隠し持った散弾銃で仕留める］。元は同じメロディだったものにしては、あまりにも違う。

　これはこれで、「Starting Over」として完成し、アルバム『REFLECTION』に収められることとなる。聴き較べると実に興味深い。

さて、『ファンクラブ・ツアー』で未発表曲を披露し、さらに初のセルフ・プロデュース作品「足音～ Be Strong」をリリースした彼らは、引き続き未発表曲中心のプログラムで、『Mr.Children TOUR 2015 REFLECTION』をスタートさせる。初日は2015年3月14日の「ヤマダグリーンドーム前橋」だ。

その最終日にあたる6月4日に、新作アルバム『REFLECTION』がリリースされる告知がなされた。しかも今回は、今までにないリリース方法だ。23曲入りを『{Naked}』、より厳選された14曲入りを『{Drip}』と称し、ふたつの形態にしたのだ。

『REFLECTION』というタイトルは、田原がカメラマン齋藤陽道の写真にインスパイアされて考案したものだ。当時、齋藤はMr.Childrenのライブに帯同して撮影していたが、たまたまステージと客席の間に光のハレーションが映り込んだショットがあり、田原はその写真の印象から、〝反射〟という言葉を思いついたのだ。

ツアーが始まるにあたって、まず彼らが意識したのは、「みんなの日常を、どうやって非日常空間へ引っ張り込むか」（桜井）だった。そのための準備も怠りなかった。とはいえ、初日の前橋が始まる直前まで、不安要素を抱えていた。それは、オープニングの演出にあった。やってみないことには分からない、大胆なチャレンジだ。

1曲目に演奏しようとしていたのは、「fantasy」という作品で、そもそもこの曲は、生まれた時からオープニング曲に相応しいのではないかと思われていた。そしてライブの準備をしていた時に、こんなことを思い描く。この曲が演奏され、サビのブレイク直前のところで、みんなが驚くような仕掛けをしたい。

「〝フォグ・スクリーン〟を、電車が横切っていくというのはどうだろう?」(桜井)

それはあくまで、当初は〝出来ればいいのにな〟程度のことだった。しかし様々な技術的な条件を精査するうち、〝出来るかもしれない〟へ変わっていった。〝フォグ・スクリーン〟とは、ステージ前方から吹き出す煙をスクリーンとして活用する手法だ。そこにムービーを映写し、電車を走らせる試みである。これは非常にデリケートな手法だった。ステージを煙で覆うといっても、場内の空気が揺れれば、煙も揺れてしまうのだ。僅かな気流も大敵だ。

コンサートのスタッフは、まるで科学の実験のように、煙幕を垂直に昇らせて、それを隙間無くスクリーン状に仕立てる方法を模索していった。それはメンバーのリハーサルと同時進行で行われ、都内某所の倉庫で、秘密裏に進められた。進捗《しんちょく》状況は、逐一、メンバーのもとへと届く。最後は、〝出来るかもしれない〟が〝出来る!〟に変わった。

3月14日。「ヤマダグリーンドーム前橋」で、ファンの度肝を抜くこのオープニング演出は、見事、成功を収めている。

何度もコンサート・ツアーを重ねてきた彼らゆえ、より貪欲な気持ちで上がったステージでもあった。

「ただ単に〝音楽っていいな〟って感じて欲しいし、まるで激しいプロレスのように〝この人たちは命を酷使しているのだろうか〟とも感じて欲しいと、すごく欲張りでもあった。さすがに未発表が多いとなると、映像にしろMCにしろ、今まで以上に〝しっかり届けていく〟意識は強かった」(桜井)

最終日の6月4日は、エポックメイキングな一日となる。この日の「さいたまスーパーアリーナ」のパフォーマンスは、神がかっていた。それがスカパー!で生中継された。その日、アルバム『REFLECTION』はリリースされ、大きな反響を呼ぶ。これまで、ツアーは未発表曲中心だったわけだが、この日、会場に詰めかけたオーディエンスの中には、アルバムの音源を聴き終えて会場へ詰めかけたスペシャルな人々も多くいた(通常、ツアーというのは、ニューアルバムを〝引っ提げて〟行う場合が多いのでいつもなら、しごく当然なことなのだが)。

この2年間の様々なことは、『REFLECTION』というアルバムがリリースされる6月4日を目指し、逆算されたものでもあった。『ファンクラブ・ツアー』で演奏した楽曲を作り始めたのが2013年の初頭であり、そこからの日々は繋がっていたのだ。

「この6月4日という日に向けて、長い導火線を引いていく。それはスタッフも含め、みんなで話したことだった。事務所も変わったし、そうなった理由を体現していくのが今回のアルバム制作でもあった。でもそれを、自分たちが楽しみつつ、お客さんにも楽しんで

もらえたらと、そう思って計画したことだった」(田原)

6月4日というのは、最初にこの日ありき、というより、アルバムを完成させつつ同時進行としてコンサート・ツアーを行い、アルバムのリリースに辿り着くまでの様々なスケジュールを考えた上で、無理なくそれを達成できそうな日だったというわけだ。

このツアーを通じて、4人の逞しさを感じる場面は数多くあったが、特に「足音～Be Strong」が、早くもオリジナル音源から、ビルドアップしていたのは驚きだった。よりバンドの骨格を、太く響かすものになっている。そして、本編の最後に演奏された、未発表曲「幻聴」の存在感にも目を見張った。アンコールの最後の最後は「未完」で、全身全霊のバンド・パフォーマンスと、鬼気迫る桜井のボーカルがアリーナを揺らした。化合物たるMr.Childrenの、典型的な姿がそこにはあった。

そもそも〝未完〟とは、その概念は、この時点の彼らにとって、どういうものだったのか。

「パーフェクトを求めても、けしてパーフェクトにはならない。でもそれを探し求めていく喜びはある。こうやって、それを4人で追い続けていられることの大きさを、〝未完〟という曲とともに噛みしめた」(桜井)

この『REFLECTION』のツアーでは、彼らのパフォーマーとしての更なる自覚が、そこかしこに輝いていた印象だが、なかでも象徴的に思えたのは、鈴木が客席と、〝Yeah! Yeah!〟のコール&レスポンスを繰り広げた場面だ。これは古くから行われてきたロック・コンサートの伝統的な儀式だが、「あれは本番間近のリハの時に、突然、桜井から言われたことだった。恥ずかしがらず、男らしくコミュニケーションをとってほしい。そう言われた」（鈴木）。

いつもは道化役にまわる彼が、至って真面目にそのことをやり遂げた。すると客席は、みるみる温まっていった。

些細なことのようだが、彼らの意識の大きな変化を感じさせる出来事だった。コール&レスポンスなどという古典的な演出は、いまさら特筆すべきことではないのかもしれない。しかし、当たり前のことを当たり前にやれることが、彼らの大きな強みの一つでもある。

2016～2018
himawari

himawari

優しさの死に化粧で
笑ってるように見せてる
君の覚悟が分かりすぎるから
僕はそっと手を振るだけ

「ありがとう」も「さよなら」も僕らにはもういらない
「全部嘘だよ」そう言って笑う君を
まだ期待してるから

いつも
透き通るほど真っ直ぐに
明日へ漕ぎだす君がいる
眩しくて　綺麗で　苦しくなる
暗がりで咲いてるひまわり
嵐が去ったあとの陽だまり
そんな君に僕は恋してた

想い出の角砂糖を
涙が溶かしちゃわぬように
僕の命と共に尽きるように
ちょっとずつ舐めて生きるから

だけど
何故だろう　怖いもの見たさで
愛に彷徨う僕もいる
君のいない世界って
どんな色をしてたろう？
違う誰かの肌触り
格好つけたり　はにかんだり
そんな僕が果たしているんだろうか？

諦めること
妥協すること
誰かにあわせて生きること
考えてる風でいて
実はそんなに深く考えていやしないこと

思いを飲み込む美学と
自分を言いくるめて
実際は面倒臭いことから逃げるようにして
邪《よこしま》にただ生きている

だから
透き通るほど真っ直ぐに
明日へ漕ぎだす君をみて
眩しくて　綺麗で　苦しくなる
暗がりで咲いてるひまわり
嵐が去ったあとの陽だまり
そんな君に僕は恋してた
そんな君を僕は　ずっと

2016 - 2018 「himawari」

バンド・デビュー25周年を間近にした2016年。Mr.Childrenは念願のホール・ツアーを実現させた。振り返ればホールでの経験を満足に積まず、いきなりアリーナへと進出したのが彼らだった。『Mr.Children '94 tour innocent world』は、戸田市文化会館というホールからスタートしたものの、最後は日本武道館、大阪城ホールへ辿り着いていたし、続く『Mr.Children '95 Tour Atomic Heart』では、横浜アリーナ3日間公演を成功させている。

このあたりを桜井は、この年のツアーのMCでこう表現した。「自分たちはホール・ツアーを経験することなく大ブレイクし、〝飛び級〟でアリーナ、スタジアムへ進出した」。もちろん〝大ブレイク〟という表現は、彼ならではのウィットに富んだものだ。

その後、『MR.CHILDREN TOUR 2002 DEAR WONDERFUL WORLD』の時、ホールを回る予定だったが、桜井の体調不良でキャンセルとなっている。そもそもホール・ツアーには、そんな因縁もあったのだ。とはいえ、いにしえのセットリストを持ち出したわけではない。ここらで彼らは、自分たちの音楽を、大胆に仕切り直しする。なんと、〝新バンド〟を結成するのだ。その名は「ヒカリノアトリエ」である。

メンバーは、桜井、田原、中川、鈴木に加え、キーボードのSunny、サックス&フルートの山本拓夫、トランペットのicchie、アコーディオンの小春（from チャラン・ポ・ランタン）である。この8人がパレットの8色の絵の具のように混ざり合い、まさに光がそそぐ〝アトリエ〟で音楽という名前の絵を描くことを目指す。楽器編成が特殊だ。キーボードがいるのにアコーディオンが含まれている。どちらも基本的に鍵盤楽器。補完し合うというより重複する関係だ。

ただ、そもそも「ヒカリノアトリエ」は、既存のフォーマットを目指したわけではなかった。彼らがやろうとしたのは、予《あらかじ》め音楽の完成形を想い描き、そこに向けて具体的な準備をしていくことではなく、むしろ断片のアイデアをコラージュしていくようなこと。一見寄せ集めにも思えるが、だからこその自由や、機智に富んだ創造性を感じさせるようなものだった。

実際、みんなが集まり、音を響かせてみないことには、分からなかった。そもそもトランペットのicchieとは、このツアーのリハーサルまで、まったく面識がなかった。彼の演奏に触れ、純粋にいいなと感じ、ならば連絡してみようとメンバーが動いた結果だった。本人は、この突然のオファーにさぞや驚いたことだろう。

いざ始まってみると、桜井がツアーのために書き下ろした「お伽話」と「こころ」という、ふたつの新曲が存在感を示した。オープニングには、その「お伽話」が選ばれた。この時、ステージを照らすのは僅かにアルコール・ランプほどの光量だけであり、客席は目をこらし、耳をこらし、作品を受け取ろうとする。初めて聴く曲に対して客席がとる行動は、まずは耳で歌詞を追うことだ。なので会場は静まり返った。Mr.Childrenのライブで、こんなに〝盛り上がらない〟オープニングは初めてだったが、敢えてそれをやった。

ホール・ツアーが進むうちに分かってきたのは、知らず知らずのうちに、このバンドに〝アリーナ体質〟のようなものが染み込んでいたことだ。やはりそこには、広い会場の一番遠くの席へも届けたいという想いが反射的に表れがちだった。しかし今回のツアーでは、10のパワーがあったなら、あえて5に留めても届くべき空間なのだ。

「残りの5は、より演奏にダイナミクスを加えることに使えた。なので僕らにしてみたら、ミュージシャンシップに則って、より〝音に寄り添った形〟でやってみるという、まったく新しい試みにもなっていった」(桜井)

ホールを回るということは、全国を隈なく旅することでもある。まだワンマン・ライブを実現できていない県があったのだ。5月26日の茨城「県民文化センター」での公演で、ついに彼らは全都道府県を制覇することとなる。さらに東京の「日比谷野外音楽堂」でも、初のワンマン・ライブが実現する。

当日、公園内の音楽堂周辺には、レジャーシートに陣取る人が大勢いた。壁を越え、漏れてくる音を聴こうとしたのだ。それにしても、その人数が凄いことになっていた。

ステージ上では、野音ならではの光景もあった。「妄想満月」を歌った時のことだ。夜の公園で隣のベンチの〝君〟に勝手に一目惚れし、彼女が飼ってる大型犬に吠えられるという、なんとも切ない歌なのだが、通常は歌詞に合わせ、〝満月〟や〝犬〟の映像が出るところ、スクリーンがないため、スタッフが切り抜きパネルを掲げてみせたのだ。

まるで幼稚園のお遊戯会のようで微笑ましかった。でも、コンピューターが制御する複雑なテクノロジーに支えられた現代のコンサート演出も、足元に立ち返れば、〝こんなことが出来たなら〟という、人の発想で始まっていく。そのことにおいても、この日比谷野音における「妄想満月」は、「ヒカリノアトリエ」の精神に溢れたものでもあった。

これらの経験は、その後の4人に大きな影響を与えた。直接的な成果は「ヒカリノアトリエ」というCDシングルに刻まれている。『Live & Documentary DVD / Blu-ray「Mr. Children、ヒカリノアトリエで虹の絵を描く」』という映像作品にもなった。ここに収められている「終わりなき旅」は、改めて観ても圧巻だ。

8人が対等のヒカリノアトリエというアンサンブルは、その8分の1ずつがMr. Childrenという4分の1ずつへと還った際に、改めて、4人おのおのの楽器の可能性を再認識させることにもなった。もちろん、歌う桜井も含めて。

その後、2017年7月にリリースされたのが「himawari」だ。この楽曲は、映画

『君の膵臓をたべたい』の主題歌でもある。実は主題歌のオファーがある前に、「邪《よこしま》」という仮タイトルで作りつつあった作品があって、いざ主題歌を作ることになり、さっそく原作を読んだところ、「そもそも自分が思っていたテーマ、書きためていたデッサンと、この本の物語はすごく似ていた」（桜井）のだという。なので、さほど書き改めることなく、「この物語のピュアさ、強さ、さらに残酷さのようなものを、すべて内包する曲だった」（桜井）というのだ。

歌の冒頭の「優しさの死に化粧で」というフレーズなどは、まさに『君の膵臓をたべたい』のために書かれたかのようだが、依頼される前から存在していたというから興味深い。

この印象的な表現は、このようにして生まれた。

「そもそもこの曲は、いきなりバンドでせーので演奏し始めると、もともとフォーク・ロック調のメロディだし、淡い感じに無難にまとまってしまうきらいがあった。サビの「ひまわり」、「陽だまり」の韻の踏み方とかも、いかにもポップソングの在り方をしていたし……。ただそれだけでは、なんのヒネリもないものになりそうだった。なので、ここは聴いてくれる人達に、〝油断しないでくださいよ〟という意味で、ジャブを放つかのように冒頭に置いたのが「優しさの死に化粧で」という言葉だった」（桜井）

アレンジも、当初は歌詞やメロディに沿って、メロウな響きを優先していたが、やがてアグレッシヴでエモーショナルなものへと進展した。この時期の4人がそうした心持ちであったことも影響したのだ。なぜそうしたものに惹かれたのだろうか。実は、自分たちより下の世代のバンドからの刺激でもあった。

彼らのホール・ツアー最終日は２０１７年の４月20日で、そのすぐ後に、ONE OK ROCKのツアーのゲストとして、横浜アリーナに臨んだのだ。そう。その時に得た刺激だ。彼らの迷いなく突き抜けていくパワーとパッションに、Mr.Childrenの面々は「やっぱりコレだよな」とバンドの在るべき姿を再認識する。

もちろん彼らとは年齢の差があるが、「そこを言い訳にはしたくない」というのが、４人の見解であったのだ。それ以降、鈴木と中川のリズム隊２人に、意識の変革が起こった。普段の食生活も考え直し、疲れが残らない高タンパクな食物を摂るようにするなど、気を遣うようになったという。田原はどうなのか。彼は……、若い頃から摂生を怠らないライフ・スタイルなのである。

実は桜井は、この頃、自らのボーカルの好不調の波を実感していた。それに伴い、歌そのものに対する意識も変化する。

「それまでの僕は、テクニックで歌うタイプではなく、心に寄り添う歌を大切にしてきた。でも、気分が乗らずに声も出ない、ということも経験した。その時、〝プロとして、それでいいのだろうか？〟と思いだした。心に寄り添う、なんてことはせず、テクニックで感動させられるなら、〝それこそがプロなんじゃないか？〟って」（桜井）

それから彼は、喉の状態の保ち方や、いわゆるボイス・トレーニングというものにも改めて関心を持つようになる。しかし、彼が出した結論は、どちらに偏るでもないものだった。心に寄り添いつつテクニックとしても歌を響かせる方法があるはずで、その考え方を取り入れてからは、声も気持ちよく出るようになったという。

彼の歌への姿勢が如実に示される場といえば、レコーディングの際の歌入れだろう。いつも彼は、スタジオの中の〝ボーカル・ブース〟と呼ばれる隔離された空間で、格闘するのである。

ガラス窓の向こう、腰掛けた彼の、20センチほど先にはマイクがある。スタッフが持ち場で作業するなか、〝心に寄り添いつつテクニックとしても歌を響かせる〟方法が試されていく。

彼はけして、すいすいと歌っていくわけじゃない。「ごめん、もう一回」「もう一回お願い!」。まるで「HANABI」の歌詞のように、いったん歌を止めることもしばしばだ。納得のいかない何小節かがある場合、そこを何度か、少しニュアンスを変えつつ歌ってみる。

それらはすべて記録されていて、しかもデジタル技術の便利さも手伝い、いつでも小節の前後を組み替えながら、ベスト・チョイスなものとして再生できる。それも踏まえつつ、既に歌ったAやBに加え、Cという異なるパターンをトライしてみたりもする。既に歌っていたAやBを正確に把握しているからこそ、新たなパターンを歌ってみることが可能なのだ。

「惜しい!」。歌ってみて納得いかなかった時は、自分に向け、そんな声を発する。スタジオ内には、適度な緊張感が漂う。でも、咳払いを躊躇《ためら》うほどピリつくわけではない。

ボーカル・ブースで腰掛けていたはずの彼は、いつしか立ち上がる。さらに熱を入れ、歌い始める。そのときの体のアクションは、普段、ステージで見せるものとは異なる。ホースを巻き取るリールの把手《とって》みたいに肘を曲げて、両手を交互に回転させるような仕草で歌っていく。

こういう仕種の桜井を、ステージで見ることはない。目指す場所へと、声を的確に〝飛ばしていく〟みたいなことが、それにより可能となるのかもしれない。だとしたら、発せられる声そのものより、想いの方が若干フライングぎみに動いたからこそ、「惜しい!」となった可能性もある。

かと思うと、両手でマイクを包み込むように歌おうとする時もある。声というものが、そもそも小さな粒々で出来ていたとするならば、一粒も床に落としはしないと、そう心に誓うかのように、彼はマイクを手で包みこむ。

「ちょっとここ、ハモっていいですか?」。歌いながら必要性を感じたのか、臨機応変、こうしたアイデアも飛び出す。それにしても、いきなりだった。そして、すぐに実行する。自分の歌声をプレイバックしてもらいつつ、たとえば3度下で歌ってみて、さらに他の場所では、3度上でハモってもみたりする。その難しそうなハモりも、パッと歌い、ハイ終了、だった。

さっそくプレイバックして聴く。咄嗟《とっさ》にやったとは思えないくらいピッチは正確だ。スタッフたちが感心する。見ていてあっけないくらいだ。もし桜井がコーラス・グループの一員だとしても、りっぱに自分のパートを務めていたことだろう。通常、桜井の歌入れは、労なく短時間で終わることも多い。スタジオではなく、自宅のプリプロ・ルームで仮に歌ったものが最終的な音源に採用されることもある。

２０１７年6月10日、『Mr.Children DOME & STADIUM TOUR 2017 Thanksgiving 25』がナゴヤドームからスタートした。もうこれは、25周年の紛れもないお祭りだ。事前に桜井が言っていたのは、「ほぼほぼベストの内容」ということ。みんなが聴きたい歌を網羅したベスト・アルバム的なセットリストということだ。

8月5日。このツアーの中でも最大の観客数となる、日産スタジアムでの公演が行われた。前回この場所でライブが行われたのは、『Mr.Children Stadium Tour 2015 未完』の時。空のご機嫌が芳しくなく、土砂降りであった。しかしこの日は天気も良く、オープンエアのライブならではの、自然の演出が手助けしてくれた。やがて日没を迎え、変化していく空の色が、彼らの演奏と見事な共演を果たした。

「ほぼほぼベスト」を有言実行した内容だった。お馴染みのシングル曲を惜しげもなく披露し、ライブでマストな作品も、彼らの歴史の中からベスト・チョイスされていた。もちろん他にも、まだ代表曲は残っている。しかし、どう選曲しても通常のライブの尺では〝ほぼほぼ〟にならざるを得ないのが充実したこのバンドの25年間の証しでもあったのだ。

　これまでの作品の断片が、徐々にビルドアップしていくオープニングの音楽と映像に導かれ、1曲目は「CENTER OF UNIVERSE」。豪放磊落《ごうほうらいらく》にギターが響くこの曲は、スタジアムにぴったりだ。7万人を収容した巨大な空間の隅々にまで、音の粒が届いていくからだ。〝誰ひとり、置き去りにしないからね〟という、そんな彼らの熱いメッセージを受け取った気分だ。「シーソーゲーム〜勇敢な恋の歌〜」では、当時のMVを上手に編集した映像が流れた。桜井がまるでエルビス・コステロのように躍動し、評判になったものだった。歌詞のなかの［恋なんて言わば］という達観は、若き日の彼らだからこそ言い切れたことじゃないかと思いつつも、観客は一気にヒートアップしていった。

　ホール・ツアーからの流れでもある「ヒカリノアトリエ」は、スタジアムとはいえ、客席にこの曲ならではの集中力をもたらした。「CENTER OF UNIVERSE」とは逆に、今度は我々オーディエンスが彼らの音のする方へと耳を持っていく番だった。野外で聴けば、また違う魅力を発揮した。光や風と、すぐ仲良しになってしまう曲でもある。ここ最近の桜井の歌は、〝表現可動域〟がより大きなものへと変化したのではなかろうか。正確に歌う部分の「ツヤ」だけじゃなく、エモーショナルなところの「ハリ」も増している。「CROSS ROAD」「innocent world」「Tomorrow never knows」と、バンドが急速にポピュラリティを拡大していくあたりの楽曲を、矢継ぎ早に演奏するのもアニバーサリー・ライブならではだろう。調べてみるとこの3曲、93年11月、94年6月、94年11月と、こんな短期間にリリースされていることに驚く。この濃密な時間があってこそ、〝ミスチル現象〟と呼ばれたあの頃があったのだ。

曲順は、様々に練られていた。この3曲はまさに〝矢継ぎ早〟と表現できそうだが、次はまた違った趣向であった。JENがリード・ボーカルの「思春期の夏～君との恋が今も牧場に～」の朗らかな歌と演奏のあと、そのまま「365日」が始まると、まるで空の様子が変化したように感じられた。夏の大気が秋口のそれに替わるがごとく、辺りが一変したのである。歌、それぞれが持つバイブスの違いが鮮明に示された瞬間でもあった。既に終了していた東京ドームでは、この場面は別の選曲であり、「抱きしめたい」が選ばれていた。

「1999年、夏、沖縄」は、トーキング・ブルースのような作風だが、自由に語るようなスタイルゆえ、応用が効く。この日は新鮮なパフォーマンスへと発展させていた。歌に続けて、桜井が語り始める。その言葉には、あの頃から今に至るまで、いくつかの〝周年〟を超えてきた心境が真摯に綴られ、今現在の想いへと辿り着く。そして最後は、再び歌のオリジナルなサビへ戻る。その最後の1行は、「あぁ　そして君にこの歌を聞かせたい」という言葉。歌のオリジナルの舞台であった1999年と、ライブが行われている2017年が、みごとに重なり合った。

新曲「himawari」では、スクリーンのアニメーションが効果的であり、この歌が、より様々な意味にほぐされていくようだった。なお、実はこのアニメーションの演出は、ここにレポートした8月5日の日産スタジアムのみで行われたものだった。その後の日程では、より楽曲の肉体性を押し出すため、敢えてこの映像はなしとしたのだった。

そういえば、「CROSS ROAD」にも「真冬のひまわり」という表現があり、この歌でも「暗がりで咲いてる」と表現されている。夏の抜けるような青空とひまわり、ではないのだ。まるでこの花が、短調と長調の分数コードをまとうがごとき余韻でもって、歌のなかに咲いていた。ドラマチックに駆け上がるバンドの演奏も、桜井の歌と見事に呼応し、新曲とはいえ地に足のついた演奏だ。

打ち上げ花火も加勢した「ニシエヒガシエ」において、この日のライブはひとつのピークを迎えたが、さらに本編の最後に「Dance Dance Dance」、「fanfare」、「エソラ」が控えていた。フィギュアスケートの演技構成で言うなら、敢えて後半に難易度の高い3連続を持ってきた感じだ。激しく轟《とどろ》く特効も曲の一部の「Dance Dance Dance」と「エソラ」では、同じ盛り上がりでも質がずいぶん違う。条件反射的に体が動いてしまう前者にくらべ、後者はこちらから、体のバネを使い参加していく感覚なのだ。

気づけばあたりはとっくに夜の闇に。アンコールで印象的だったのは、「終わりなき旅」である。ロック・ボーカリストが観客を鼓舞するために繰り出す、とびきりハイトーンのシャウトを、ここまで取っておいたかのように、桜井はイントロで炸裂させた。

見れば25周年を迎えた彼らと、この日、それぞれの人生の〝〇〇周年〟を持ち寄ったオーディエンス達が、より強固に一体化し、揺れていた。

パレットのなかの鮮やかな色を調合していったのが「ヒカリノアトリエ」なら、この日のラストを飾った「終わりなき旅」は、4色の駒が回転し、ひとつの色を成すかのような演奏だった。もちろんその色は、どこの画材屋にも売ってないMr.Childrenにしか出せない色だ。


2018年になり、1月に配信シングルが届けられる。「here comes my love」である。歌詞の冒頭では、いま、自分が直面する困難に対し、逡巡《しゅんじゅん》する姿が描かれている。しかし前に進もうとする想いもある。このふたつが、ブランコのように揺れている。気付けば聴き手の我々も、そのブランコに乗り込み歌と一緒に揺れている。やがて様々な比喩が出てくる。「鯨のように」、「彷徨うピノキオの気分だ」。クジラといえば、アルバム『SENSE』の頃のTVスポットを思い出すが、この歌の場合、この言葉は「ピノキオ」に掛かっている。

さらに歌は、海のイメージを拡げていく。未来は［波がさらっていって］しまうほど危ういものであり、［灯台の灯り］と［今の僕］を対比するあたりでは、かつての自分はそうであったはずなのに、今はどうなのかと、自問自答が襲いかかる。

ではなぜ「here comes my love」というタイトルなのだろう。主人公とその相手は、海流に翻弄され方向を見失い、不可抗力に苛《さいな》まれ、それでも泳ぐことをやめない。その時聴こえてくるのが、「here comes my love」という言葉だ。

〝here comes...〟で連想するのはビートルズの「ヒア・カムズ・ザ・サン」（Here Comes The Sun）やユーリズミックスの「ヒア・カムズ・ザ・レイン・アゲイン」（Here Comes The Rain Again）かもしれない。歌のタイトルにおいては、天気に関してよく使われる言葉だ。

天気は人間にとって、コントロール不能のものだ。歌のエンディングではこの言葉に続けて、こう歌われる。［いつかきっと］［辿り着けるよね］。行く先を示す海図など、人生には存在しない。しかし進むのを止めてしまえば、もはやそこには意志のカケラも存在しない。ならば進もう、この海を泳ごう。そんなメッセージも届いてくる。

サウンドにも注目だ。印象派的な滲む音色のピアノから、適度にリップノイズを伴う桜井の歌が聴こえる。［巨大な鯨］の歌詞と同時に頭をもたげる右チャンネルのディストーションのギターや、「君を照らしてる」で丁寧に♪タタタと鳴るドラムは、紛れもなく歌詞と呼応する。楽器が言葉を喋るがごとくだ。

後半に従い、ストリングスやホーンも絡んでくるのだが、取ってつけた感じは微塵もない。鳴るべきものが、ただそこに在る、このあたりの表現力の彫りの深さ、ダイナミズムの在り方は、「ヒカリノアトリエ」を経験して培われたミュージシャンシップに支えられたものなのだろう。

キャラクターが違うふたつのギターの音色も特徴的だ。田原が弾く左チャンネルからのものは、歌の主人公の心の揺れを内包しつつ、抑制的かつメロディアスに響く。そして、そのまま歌のオブリガートも務める。後半では、桜井が弾く、堰を切ったかのようなハードなギターが、紛れもないロックの快感を伴い、威風堂々と響いていく。

バンドが25周年を迎えた時、桜井に心境を訊ねた。「デビューして最初の10年は、とても長かった」。返ってきたのはこの言葉。「でも、そこから25周年までは、あっという間だった」。なぜだろう。

Mr.Children の場合、バンドを続ける「覚悟」みたいなことをいちいち確認することなくやれたからこそ、あっという間だったのだろう。メンバー4人が、程よい距離感を忘れなかったからこそ成立したことだ。これを大雑把に、〝仲良しバンドだから続いた〟などと言うと、ややニュアンスが違ってきてしまう。
ある時、桜井がほかの3人のことを〝ビジネス・パートナー〟と称したことがあった。そこには単なる〝仲良し〟とは違う、バンド運営も含めたクールな関係性がみられた。
とはいえ流石に四半世紀、25年間は長い。この時点でメンバーは、働き盛りの40代後半を迎えていた。パワーは衰えてない。ハンドル操作の経験も、充分積んだ。人間として、バランスのいい時期だといえる。しかし桜井は、25周年のその先を見据え、戒《いまし》めも込めてこう言う。
「僕自身、いつまで声が出るか分からない。いつまでメンバーが健康でいられるかも分からない。むしろ、そういうことに対する不安……いや、不安に思っているわけではないけれど、もしMr.Children の音が途切れるとしたら、〝理由はそれだろう〟みたいなことを考える、そのよい節目が25周年なんだと思う」(桜井)
「here comes my love」の歌詞に、こんな一節がある。[あって当然と思ってたことも
実は奇跡で　数え切れない偶然が重なって　今の君と僕がいる]。
ある日、ふとMr.Children の歌を耳にしたことが、彼らとの偶然の出会いだったという人は数多い。そして我々は、今も彼らの作品を聴いている。これは偶然などではなく、自らの意志として。

彼らの歌には、ふと戻りたくなる大切な場所や、未だ見ぬ胸躍る場所の在り処を、優しく、時に激しく、指し示してくれるところがある。

そう。まさに彼らの歌は、道標なのだ。

Outroduction

ここからは、まずMr.Childrenの近況についてお知らせしたい。彼らはしばらく、ロンドンでのレコーディングの日々を送っていた。帰国後も、次のアルバムに向けての作業が続いている。2020年春に予定していたコンサートはコロナ禍によって叶わなかったが、今はさまざまな〝仕込みの時期〟だと割り切っているのだろう。

なぜロンドンだったのか。素朴な疑問が沸き上がる。一時は日本のミュージシャンが、我先にと海外レコーディングに励んでいた。しかし最近は、あまり聞かない。聞けばそこには、キャリアを重ねた彼らならではの目的と、更には発見があったようだ。

「常に考えてきたのは〝いかに自分たちの作品を新鮮なものとして聴いてもらえるか〟だったし、そのためには4人だけでなく、キーボードであったり、ブラスであったり、様々なアプローチも必要なんだと考えつつやってきた。でも今回、ロンドンでやってみてビックリしたのは、僕ら4人のアプローチはこれまでを引き継ぐものであっても、新しい耳触りのものとして聴こえることだった」（桜井）

音、といっても、けっきょく我々に届くのは生音ではなく再生音だ。ミュージシャンにしてもスタジオで、自分たちの演奏をプレイバック（再生）して聴いてみて、再びそこからインスパイアされ、表現を広げ、また、まとめる作業へと進んでいく。

その、肝心なところで〝新しい自分たち〟と出会えたことが、ロンドンでの経験だった。いざ、かの地で作業してみると、現地のスタッフたちはまっさらな気持ちでMr.Childrenの音楽を受けとめ、忌憚ない意見も述べた。

「日本のプロデューサーやエンジニアだったら、僕らのことを分かってくれてるので、例えばJENが彼らしいドラムを叩いた場合、〝それがMr.Childrenの持ち味だよね〟と納得し、そのまま収録すると思うけど、今回のロンドンのエンジニアは僕らをまったく知らない人達だから、JENがいつものフィーリングで叩いたとしても、〝もっとこうしたら？〟といった提案をどんどんしてきた。他の3人に対しても同じで、そのなかに発見があり、学びがあったのがロンドンだった」（桜井）

やや辛口になるのを厭《いと》わず述べるなら、これまでの彼らの実績が、こと日本においては、周囲の〝言いづらい雰囲気〟を生み出していたとも言えるだろう。でもこれは、音楽ではなくても、すべてのことにあてはまる。成果が期待できるのに、変革を急ぐことは難しい。ましてや築き上げてきたMr.Childrenというブランドもある。

しかし何のことはない、今回、環境を変えてみたことで、意外とあっさり、新鮮味ある作品作りへのヒントが見つかったのだ。

そのひとつの成果が8月に公開された『映画ドラえもん　のび太の新恐竜』のW主題歌

である「Birthday」と「君と重ねたモノローグ」だった。ロンドンでの録音である。特に「Birthday」は、まさに今し方彼らのなかから新たに〝Birth〟した音楽という印象が濃い。

もちろん、この作品単体が答というわけではない。今後、さらに次の時代のMr.Childrenを担い大きく展開していくマテリアルのあくまで兆しと受け取ればいいのだろう。いずれにしても、ひとつの作品集が、まもなく届けられるロンドンでの発見と学びの成果となるアルバム『SOUNDTRACKS』である。


少し、本書のことを書かせてほしい。この本のタイトルは『Mr.Children 道標の歌』とした。彼らの作品には「名もなき詩」や「旅立ちの唄」、「かぞえうた」、さらにアマチュアの頃の作品だが「トムソーヤの詩」など、〝うた〟と題されたものが複数ある。

でも〝道標〟とつくものは今のところ存在しない。それでも〝道標の歌〟としたのは、つくづく彼らの作品には、この言葉が似合うと感じてきたからだ。

ふと目的地を見失い、不安が差し込みそうな時、進むべき場所を示してくれるのが彼らの歌だし、歩み出してはみたものの、途中で引き返したくなった時は、やり直すことを手助けしてくれるのも彼らの歌なのだ。そう、まさに〝道標〟のような存在なのである。

この本の執筆にあたり、改めて桜井和寿に複数回、長時間のインタビューをした。基本、この本は筆者の25年間の彼らに対する取材のアーカイブではあるが、訊ね忘れていたことも多々あったのだ。しかし、なかには不発に終わった質問もあったし、（こう書くと本人に失礼かもしれないが）「なんだ、そんなことだったのか……」ということもあった。ストイックと思しき表現が余裕のなかから生まれていたり、その逆もあったりして、この場合、曲の印象とエピソードのあいだに齟齬《そご》が生じもするわけだ。

ひとつ言えるのは、いずれにしても歌作りに近道などなく、ましてや秘訣などないということ。これだけ数多くの心に残る作品を生み出してきた桜井にしても、である。

不発だった話は、当然ながら本書に含まれていない。ただ、この際なので、ひとつ紹介したい。実は「名もなき詩」の［自分らしさの檻の中で　もがいているなら］は、てっきり映画『ティファニーで朝食を』のラストシーンにおいてポール（ジョージ・ペパード）がホリー（オードリー・ヘプバーン）を諭す場面で言った台詞にインスパイアされたのだと思っていたのだ。あの映画なら、世代に関係なく、観ていて不思議じゃない。でも、いっさい無関係であった。

ところで彼と何回か話していて、「innocent world」について改めて訊ねていたときのことなのだが、なんと桜井は、ここ最近、毎日のようにこの歌を「練習している」と言うのである。ボイス・トレーニングの課題曲だったのだそうだ。少し前、自分にとって、非常に示唆に富む指導をしてくれるボイス・トレーナーと出会った彼は、コロナ禍のなかもリモートで指導を受けていたというのだ。

顔の筋肉と声には非常に密接した関係があるゆえ、まずは顔全体の筋肉のストレッチから開始して、先生の指導のもと、声の強弱、さらに声を膨らませるべき場所などの指摘をうけ、その通りやってみているという。

このエピソードに触れた多くの人は、あの桜井が他人の指導のもと、よりによって「innocent world」などという代表曲の歌い方に関して、一から他人の意見を受け入れ、歌い方の再検討をしてみるなんてことがあるのか、と、意外に思ったことだろう。

桜井といえば、2017年のツアー中、喉の不調で公演中止が伝えられたこともあった。ボイス・トレーニングは、そのことも関連して始まったことなのかもしれない。しかし彼は回復したどころか、歌を新たな次元へ高めるべく、日々、努力あるのみの様子だ。

「特に〝innocent world〟というのは、歌うのが大変なんです。しかも、トレーナーの先生から〝歌詞に感情を込めて〟と言われても、もはや何度も歌い過ぎてて感情の込め方も分からなくなってきてる（笑）。しかし、この曲が終わったら次の課題曲を決めて再び取り組む日々が、今は楽しい」（桜井）

新たに生まれる歌達だけでなく、この本に登場した数多の歌達とも、ずっと共に歩んでいこうとする彼の意志が窺える。

実はロンドン・レコーディングとボイス・トレーニングには、共通点があるのではなかろうか。どちらも自分たちに、そして自分に、新たな息吹をもたらすことだ。しかもこれらは、Mr.Childrenに胡座をかいていてもダメなことである。自分たちで身軽に動いてこそ吹き込んでくる新鮮な風だったのだ。

Mr.Childrenはまもなく、次の節目である30周年を迎えようとしている。とはいえそれは、あくまで周囲が気づき、「そろそろですよ」と言ってあげるべきものかもしれないし、すでにファンへのサプライズを、密かに企てているのかもしれない。いずれにしても、彼ら自身がバンドにとっての新たな〝道標〟を見つけ、逞しく歩んでいくことだろう。

本書は多くの方々の力をお借りして、出版することが出来た。

まずは、僕の長年の取材に応じ続けてくださっている、Mr.Childrenの桜井和寿さん、田原健一さん、中川敬輔さん、鈴木英哉さんに心からのお礼を申し上げたい。

小林武史さん、トイズファクトリーの稲葉貢一さんには、お二人しか知ることのない貴重なお話を伺った。いつもメンバーを陰で支えているエンジンの谷口和弘さん、福永大夢さん、先崎佑哉さん、桑畑美紀さん、佐藤竜樹さん、トイズファクトリーの友永賢治さん、堀越勝也さんにも多大なご協力を頂いた。

素敵な本のデザインをしてくださったのは、森本千絵さんをはじめとしたgoen°のみなさん。的確な校正をしてくださったのは、坂本文さんだ。

最後に、この男について書いておきたい。水鈴社の篠原一朗さん。彼の編集者としての確かな経験と、Mr.Childrenへの曇りのない愛情が、常に僕の両肩を押し続けてくれた。ここに感謝いたします。

小貫 信昭　おぬき のぶあき

1957年東京都生まれ。1980年、『ミュージック・マガジン』を皮切りに音楽について文章を書きはじめ、音楽評論家として40年のキャリアを持つ。25年以上にわたり、Mr.Childrenの音楽とメンバーの魅力を言葉として紡ぎ、ファンに届けつづけている。ベストアルバム『Mr.Children 1992-1995』『Mr.Children 1996-2000』（通称「肉」「骨」）、『Mr.Children 2001-2005 <micro>』『Mr.Children 2005-2010 <macro>』ではライナーノーツも担当するなど、Mr.Childrenに最も精通する書き手である。著書に『歌のなかの言葉の魔法』『小田和正ドキュメント 1998-2011』、共書に『es（エス）—Mr.Children in 370 DAYS』など。

Mr.Children 道標《みちしるべ》の歌《うた》

2020年11月20日　第一刷発行
2020年12月5日　第二刷発行

著　者　小《お》貫《ぬき》 信《のぶ》昭《あき》
編集・発行人　篠原一朗
発行所　株式会社　水鈴社
ホームページアドレス　https://www.suirinsha.co.jp/
電話　03-6413-1566（代）

発売所　株式会社　文藝春秋
〒102-8008　東京都千代田区紀尾井町3-23
電話　03-3265-1211（代）

印刷所　萩原印刷
製本所　萩原印刷
校正　坂本文

この本に関するご意見・ご感想や、万一、印刷・製本などに製造上の不備がございましたら、お手数ですが info@suirinsha.co.jp までご連絡をお願いいたします。

定価はカバーに表示してあります。

ISBN978-4-16-401002-0　JASRAC 出 2008814-001